台灣文明進程的落實：
試論台灣文學如何成為文明／公民性的轉渡者

葛尹風、許綺玲◎主編

中大出版中心 National Central University Press ｜ 遠流

目錄

有關出版源起以及 civilité 一詞的翻譯

許綺玲

　　這本專書是由中大法文系同仁結合跨國、跨校多位學者，共同促成這次學術專題研究成果的展現，確切目標是對台灣出版、人文教育及轉變中的民主社會有所省思。專書的主題符合本系的教研宗旨，即關注台灣和法語世界彼此之間的雙向交流；對法語世界歷史文化的認識，也在於反省在地文化的差異和確認屬於我們自身的特色。法文系同仁特別選擇交由中大出版中心來出版，並以能在中大出版為榮。

　　內容方面包含一篇主編的導論，兩篇特邀專文，以及五篇經過學術匿名審查程序的論文。最後的跋文是本書最重要的理論啟發者，巴黎第三大學的艾倫・玫蘭－卡吉曼教授（Hélène Merlin-Kajman），在細讀過各篇專文與論文後，特地寫的心得與回應。

　　環繞著「台灣」這個共同的研究對象，這本論文集的撰文者不論是來自台灣、法國或瑞士，皆受過法語文化及學術的洗禮，所有的文章原本都是以彼此共通的法語所撰寫（這也解釋了在格

式方面，採取的可能是法文論文的一般通用形式。比如與英美語文學系論文一個特別明顯的差異是文末不必然放參考書目或援引書目表）。本論文集也同時尋求以法語原文出版的機會，以便推介給關心台灣議題的法語世界外國友人。

目前這本中譯版的一大挑戰，無疑是 civilité 這個關鍵字詞的中譯問題。因這個詞歷經了漫長的時代變遷，原本在不同的歐語文化中便各自有不同的理解和使用的脈絡。況且，除了歷史因素之外，當代學者，從艾里亞斯（Nobert Elias）、哈貝瑪斯（Jürgen Habermas）、森尼特（Richard Sennett）到艾倫·玫蘭—卡吉曼等，紛紛對此一字詞提出了各自的見解和理論，使這個詞持續承載著多元且越來越豐富的意義，也更增加了中文翻譯的難度。

這個複雜的觀念如何落實、作用、反映於社會，在今天看來非常值得深入探討。令我們格外感興趣的，自然是如何以其豐富多元的概念來觀照台灣的歷史和現況，尤其是在民主化發展歷程中，文學、出版、翻譯、教育、電影、媒體等所扮演的角色。

由於各篇切入的面向和領域均不同，我們經過了多方討論後，取得了共識，決定對 civilité 這個詞的翻譯採取比較彈性的作法，但為了避免引起困惑和混淆，仍限定幾個選定的用詞。因此，civilité 這個詞可能有以下幾個相關的中譯法，必要時會在括弧內附上原文：

—**文明性**：最普遍且含括多義的泛稱。

—**文明性**：若取狹窄定義、特指作為禮儀節度、應對進退之行為舉止規範等待人接物之道（艾里亞斯）。

—**公德心**：與前述的文明性狹窄定義多少有關聯，但特指現

代社會公共空間之各種規範與民眾的遵守行為與意識，通用於台灣（夏克）。

—**公民性**：有些作者／譯者偏好字根civil-突顯的「公民」意義，而「公民性」也顯得比較具有現代性，以取代易落入成見或定見的「文明性」。

—**文明／公民性**：貫穿和綜合以上諸用法，且用以指涉目前這本論文集所提出的台灣「新文明性」願景。相對於「公民社會」的整體性概念，更強調以個人的自主意識和個人自由為原則。

—**文民性**：在本論文集內，特指透過文學之「轉渡」而發揮作用的文明性，取「文明」和「文民」兩者相近的發音，以及「文明」與「公民」兩個詞濃縮合成的創新詞所富有的語意潛能。

—**共好（社會）**：借用當前台灣普及的用語，主要涉及多元族群融合的社會願景。若論及如何「共同生活」（vivre ensemble）的議題時，視上下文語境而使用。

—**公民社會**：比較是屬於社會學觀點的用詞，主要用於翻譯société civile（哈貝瑪斯）。

以上這多種譯法應足以顯示這個詞的多元與變遷，而其中所涉及的範疇和今日的台灣皆有關聯。但是，假使讀者更進一步好奇：源自歐洲的文明／公民性的研究與關注，尤其透過艾倫‧玫蘭—卡吉曼教授所帶領之「轉渡」（*Transitions*）研究團隊的詮釋，我們為何想嘗試借來探討台灣約莫半世紀以來的文化和民主進展？為了答覆這個問題，有必要簡單回溯2017年中大法文系

舉辦相關研討會的初衷。

　　艾倫・玫蘭─卡吉曼教授的「運動─轉渡」團隊原是因近年大學面臨了文學教育危機而成立。實際上，此一危機遠超出法國的範圍，普遍存在於世界各地。究其成因，乃因屬於科學教育類的一種教學範式成功推向了全球，而於同一時期卻造成了文學及一般人文學科普遍被弱勢化的現象。此一弱勢化現象對應的是「人本」地位的逐漸衰退。長久以來，人本主義的教育體系在歐洲及北美一向奠基於旨在培養人文素養的教育（arts libéraux），以及文學與古典語文的教學。然而，現今的教育體制獨尊的學科卻是那些得以透過仿效（有時甚且以近乎荒謬的形式）而融入科學範式的學科。其中文學可能是在所有人文學科中最難以縮減窄化於此一範式的學門，是以，正面臨前所未見的巨大威脅，甚至經常有被迫證明其「有用性」的困窘。面對目前的趨勢，「轉渡」團隊舉辦的研習坊，有越來越多來自人文與科學領域學術背景的學者參與，且在在證實了該團隊長年投入的關注、預期和體悟，即文學與文明／公民性之間有著根本的關聯性。關於這點，在本書最後一篇論文（〈從酷寒之梅到甘甜番薯……〉）中概述了艾倫・玫蘭─卡吉曼教授如何以十七、十八世紀法國為例提出了獨到的研究見解。

　　關於文明／公民性的思考，有必要相提並論的，是應了解「規範」的主體何在。法國一度盛行的前衛批評習於將「規範」詮釋為「臣服」，尤以羅蘭巴特（Roland Barthes）的一句名言為激化代表：「語言是法西斯」（« La langue est fasciste. »）。時至今日，其影響對教育和公民性的培養仍具有矛盾衝擊性，因而有必要重新詮釋規範本身的概念，其中自然包含了語言與文學

的問題。如何自省甚而轉變這一傾向便是當今文學教育的一大普遍議題。因此，文學亦當思及突顯其「轉渡」的特性：也就是使文學再度成為社會化的要素，在私領域和公領域之間建立橋樑，進而也試圖為「人本主義」的危機提出新的觀點，並擴及人類學、語言學與文學等多元文化領域。

由此出發，我們便能期盼以之和亞洲的民主社會開啟對話，討論文學如何作為文明／公民性的聯繫與發生點，而所謂的文明／公民性在此可解釋為對於公共領域、公眾利益、公私兩界之間如何相容，如何成為共同生活相互敬重的空間等之普遍關注。而這樣的對話，便足以和台灣產生連結（此即當年在台灣舉辦相關研討會的意義）。

如眾所知，台灣在解嚴之後隨著民主社會的茁壯成長，文學本身也得到了解放，逐漸臻及百花齊放的榮景；今日在我們的島嶼上，出版社、書店，以及在世界排比甚高的無數社群網，正由關心社會的新世代所主導，在現階段發展中的公民社會裡扮演著核心角色。各種社會議題（環保、核電、都更受害、勞工生活條件、居住問題和原民地位及權益等）所激起的風起雲湧的大小社運，近年也達到了高潮。現今台灣的民主進展、媒體和言論的自由度、平權的努力實踐成果，皆獲得世界各國之間很高的評比，為世人有目共矚。然而，不容諱言的是，台灣社會內部仍經常存在著兩極化的表現，有些地方展現了非常良好的文明／公民性（良好的治安、大眾運輸空間內的秩序與互重、救災捐助等），但與此同時，許多其他的方面或場域，經常在日常生活中仍可見到欠缺公民性的行徑……。

至於上述人文教育所面臨的危機以及受到的漠視更是我們深

刻感受到的：文學教育之於社會的貢獻並未受到充分的重視，豈不令人憂心？一切正在改變中，一切仍在改變中，我們借鑒省思的時機刻不容緩。本書結構上的安排正是透過多篇論文的個別主題研究和來自跋文的對話回應，逐步而開放式地檢視這個概念是否可作為觀察台灣文學文化和民主發展的一種視角。雖然不能以一次專書彙整的文集來全面探討在台灣孕生且正茁壯成長中的文明／公民性，甚至達至一個完善的定義，但祈願這會成為一次良好的實驗性起頭示範。

試論台灣文學如何成爲文明／公民性的轉渡者

葛尹風

Ivan Gros

「文本可相互連結，也意味著文本可彼此分離。」[1]

　　如同許多曾到過台灣的外國人一般，我在此地的日常生活深感愜意，安然處在一個——起碼表面上看來——詳和、包容而開放的社會。而就在這裡，卻曾歷經多次不同的殖民和威權統治時期；這裡，也曾發生集體屠殺、酷虐、失蹤消亡、暗殺，外來的人可能因此以爲這裡會充滿了怨懟、仇恨、報復心，如此處處統御著人與人之間的關係。但是，我們實際感受到的並非如此，反而覺得人們是生活在一個自由的國度，對於公眾事務和體制深知表達尊重，懂得去關心他人，在平和的教育環境裡普遍對於知識、文化及藝術充滿著求知慾和好奇心。整體而言——除卻不可諱言的社會緊張對立——我們感受到的是作爲台灣人的驕傲。這種文明性或公民性（civilité）的情感，或許顯露了我個人對台灣

1　Hélène Merlin-Kajman. « Que les textes lient signifient aussi qu'ils peuvent délier », *L'Animal ensorcelé*, Paris, Ithaque, 2016, p. 419.

社會存有的某種偏見和天眞觀感。爲了誠實以對，我打算考驗一下我的直覺，以洗脫我的無知。

　　作爲文學教授和「轉渡」（*Transitions*）研究團隊的一員，我向來敏於關注文學與文明／公民性（civilité）的關聯。這個研究團隊的成員絕大多數專長是人文科學領域，特別專注在文學研究方面，我們持續思考著文學批評在社會中的地位和角色[2]，並支持艾倫·艾倫·玫蘭—卡吉曼（Hélène Merlin-Kajman）所發展的轉渡性（la transitionnalité）文學理論。根據她的見解，文學能夠確保一種轉渡的功能，類似精神分析學家溫尼考特（Donald Winnicott）所描述的「轉渡之物」（*objets transitionnels*）。所謂轉渡者，指那些足以讓個人在個己的內在世界與他人或外在世界之間，更容易找到交流通道的一切東西。就其最基本的形式而言，最具代表性的轉渡之物便是小孩的毛絨玩具動物，它幫助孩童逐步地辨認和接受非己身之他者。毛絨玩具並不是到處都有——不是每個家庭都有，也不存在於所有的社會——但有無限多的事物可能具有同樣的功能。這些事物具有或多或少的複雜性，且並不限於出現在童年時期。而文學即是其中一項。因爲文學的實踐有助於發展內在精神，並確保和現實之間保有一種批判的距離。書信、小說、戲劇、詩歌，所有這些促使感性和思考更爲細膩的表現，皆有助於創造相互主體之連結並成就社會。我深信台灣的文學——作爲一種體制，也作爲一種私密實踐的普及化——在形塑一種特有的文明／公民性方面曾經扮演了重要的角色。

2　http://www.mouvement-transitions.fr/

探究台灣的文學與文明／公民性的關聯，並非我獨自一人有能力可以承擔得起的研究巨業。這樣的主題不只複雜，尚且有其沉痛的一面。這超乎了我的能力之外。正因如此，我向我中大法文系的同事們提出建議，由法文系來主辦一場研討會，我們多多少少慶幸能為這樣的主題找到一個不錯的名稱：「轉渡至文明國度？」（2017年11月）這一回研討會的演練卻一點也不容易，因為civilité一詞本身就有非常多不同的定義，況且其與文學之間的概念關聯性有時亦顯得非常曖昧。舉例來講，社會學家艾里亞斯（Norbert Elias）描述待人接物禮節的和諧化進程，此一進程為人文精神和所謂的「盔甲文明」（cuirasse de civilisation）[3]所特有，亦即將個人逐步地約束圍限、強迫其遵照嚴格的行儀規矩以控制自然本性的衝動；於此，艾里亞斯針對相關的文學孕生過程，提出了兩種解釋：一方面，文學實踐是由宮廷社會的貴族禮儀符碼轉化而得的一種美學投射（此即古典主義文學），另一方面，文學又對應另一項需求，即文學亦足以創造一個虛幻的世界，以便使人逃離作繭自縛的社會處境，藉此而舒緩對於單純簡樸、自然生活的鄉愁想望（此即浪漫主義文學）。相對於這套想法，艾倫・玫蘭—卡吉曼比較認同社會學家森尼特（Richard Sennett）的看法：「當個人不會構成他人的壓力時，便有文明／公民性存在」，並認為不應將禮儀節度和文明／公民性混為一談，因為文明性若只理解為禮儀節度，對應的將會是一種為階級高下關係所主導的共存形式，預設了一種禮儀規範的施行框架與

3　Norbert Elias. *La Société de cour* [1969], Paris, Flammarion, 1985, p. 280.

帶有暴力強制的統馭關係。但有另一種意義的文明／公民性對應另一類型的共同生活，只有在解除了高下位階關係時才會出現，是個人與他人維持平等相待的一種熟識關係。而文學正是一種發展感性並創造連結的方法，能在「被動者」之間搭起橋樑，進而可望將極端緊張所造成的焦慮撫平。這樣的作用正有賴文學所具有的轉渡性去達成，而這一點早已註記在推動民主進程的大業中。

這些理論，縱使原本是根據歐洲古典時期社會的觀察所得，仍具有普世觀點。文學的產生，既是體制方面的事，也是個人內省之體現，符合了全體人類進化過程中的一個階段，就如同民主、如同數學也一樣，皆具有普世性。每個社會在其歷史的特定階段均會推升發展，且有著無限豐富的多樣性。就是在這個意義之下，本書欲論及「台灣文明進程的落實」。

在這本文集裡，我們選了幾篇專門處理台灣的文學與文明／公民性關聯的文章。其中有些作者努力測試了轉渡性文學理論的假設，其他人則未必全然採用而試探其他可能路徑。無論其隨之而得的詮釋觀點為何，並不會有絕對專一的答案而已。這本文集只是一次初探嘗試，是開放而多元的，以試圖回答一個龐大的提問，其問題之大，遠遠超過這本小小著作的雄心抱負，且可能需要經年累月進一步研究，方能答覆。

問題意識是從多種不同的研究取徑和專長領域（歷史、文學批評、語言學、哲學、社會學）切入，也依照不同的研究視野而各自開展，包括出版體制、小說的生成、詩歌的歷史、電影作品、翻譯的政治抉擇、文學在社會運動中的地位、文學類課本的教學情境等。最後再強調一點，有幾篇論文是兩人或多人共同完

成的，是不同視角交錯之下的產物，也是台灣本地與非本地的作者共同評析所得的成果。

首先，必要呈現的是台灣文學體制的基底。博磊（Pierre-Yves Baubry）是機敏的法國籍台灣文化記者，曾撰書專門介紹台灣的出版業狀況，這次他所貢獻的文章題目為〈繁盛與脆弱：台灣的出版與閱讀〉，從歷史背景回顧出版業的興盛發展，並說明政治上的解放運動以及某些台灣文學作品蘊生的關聯性。他不把現象理念化，而是根據數據和事實的陳述，來說明文學非常具體的在場參與，透過台灣出版編輯界非凡無比的活力，文學已成為一項體制，更是民主的棟樑。

對一位歐洲讀者而言，要將詩歌詮釋為一種流行的文類可能有困難，然而在台灣，詩歌卻在文學當中佔有中心地位。有感於此，胡安嵐（Alain Leroux）——他是在台教書多年的法國教師，同時也是台灣詩歌的研究專家暨譯者——寫的專文，追溯台灣詩歌獨特的歷史，如何在語言的多次變革、詩創作的各種宣言之間、以及是否該忠於傳統、還是致力尋根……經歷了多方拉扯擺盪。這段歷史早於解嚴之前已開始——就此而言，胡安嵐對博磊的文章內容算是做了補充——也說明了詩人當時在創造各種詩歌流派的同時，卻不得不放棄政治表態。他們要不就專注於探索內心世界，要不就設法迴避審查。但無論是迷戀西潮或者拒絕西化，對於華語是讚賞或者拒斥，皆致力於創造一種屬於台灣島嶼的詩歌認同。

接下來的兩篇論文，乃透過異托邦（hétérotopie）的概念探討文明／公民性與社會運動的議題。文學批評研究者兼中譯法文學翻譯者關首奇（Gwennaël Gaffric）的論文以〈泡沫之王：高

翊峰作品中的童年與異托邦社群〉為題，評介高翊峰的小說，他認為可以同時解讀為高汀（William Gerald Golding）非托邦小說的重寫或新編，也可以是一則令人暈眩、撲朔迷離的預言，預示社會運動之將臨。而就在幾年前，台灣確實歷經了撼動社會的抗爭運動並試圖重新定義自我身分認同。小說中的一群孩童起而反抗，在一個封閉的地方打造出一個社群，並且實驗了替代型式的文明／公民性。這樣的政治實驗亦可詮釋為文學本身鏡像反照般的自省（mise en abyme），而文學本身可理解為轉渡之憑藉物。至於何重誼和林韋君合寫的文章〈社會運動與文學：文明性形式更迭的展現與2014年台灣太陽花運動〉，從新批評觀念出發討論文學與權力的關係，並援引艾里亞斯討論文明性典範如何連結古典主義的著作。他們論證的是文學典範的超越──而他們擇定的客體是從社會運動過程的特定時機情境中所產生的各類型書寫，探詢其如何對應於某種「政治上的去文明性」（incivilité politique）。這樣的詮釋起先看來似乎與轉渡性相對立，但至終又得以彼此呼應，因為兩者均認為文學是一種替代場域，在這樣的場域中可以思考現狀，同時也可包容衝突。

　　本論文集的主題訂為文明性與文學，在此雖姑且不論電影的「文學性」問題，但是電影也可廣義地視為一種「書寫」表現。至於電影如何呈現文明性或公民性的主題，顯然要看影片是依何種電影美學體制所展現。史惟筑和來自瑞士的高滿德（Matthieu Kolatte）兩人都是台灣電影專研者，在此共同分析了李行的三部重要影片。導演李行在二十年間所導的影片塑造了某種社會模式，正符合當時執政之國民黨政府的意識形態。這三部影片並非隨意挑選的，三者代表的是一段過渡演變歷程，從1950年代

末，台灣流行的、在表現上相對自由的台語片，到作為政治宣傳而生產的「國語片」時代。三部影片的分析透露了極為分明的發展歷程，代表台灣社會中典型對立關係的兩個敵對家族，彼此之間起初尚存「真誠」的待人接物之道（civilité），而一旦社會僅存意識形態虛幻想像下的完美形象，待人接物的禮儀也隨之變得「虛偽」。

文明性也確保一種文化的思想可傳遞至另一種文化，而這不正內含於翻譯演練本身？胡品清作品的兩位研究者林德祐與黃士賢，欲了解瑪格麗特‧莒哈絲（Marguerite Duras）作品在台的讀者接受情況，其作品因胡品清女士的翻譯而深受台灣讀者歡迎。原本胡品清主要以翻譯一般人均能接受的小說作品而知名，可是到了1970至80年代，她開始欣然投入莒哈絲較具顛覆性的小說翻譯。然而，這位法國女作家在政治和風格上的介入表現，卻在台灣全然遭受漠視，而僅以女性主義者的態勢被突顯。我們可以理解莒哈絲作品中的馬克思理論和反殖民見解在當時的台灣可能引發的爭議，因而必須委婉處理。這個抉擇所導致的結果卻是，莒哈絲的書寫風格雖然得以展現，但由於胡品清對翻譯客體有嚴謹保守的設限，因此與民主計畫（projet démocratique）本該有關連的一些公民性議題也就在譯文中被暫時懸置了。

最後一篇文章專注在文學教學的問題上，是由喬安娜（Joanne Boisson）、甘佳平、葛尹風（Ivan Gros）共同撰寫，題目為：〈從酷寒之梅到甘甜番薯：以文學教材和教育論述中的植物象徵試論「文明進程」之落實在台灣〉，旨在說明台灣的文明／公民性和文學教學之間的關聯性，並鎖定國語課本中出現的植物隱喻為檢視對象。其研究客體則是以二戰後至今的小學國語課本

（和朗誦比賽選文）作為基礎，針對傳統上與教學內容特別有關的植物隱喻加以分類和分析。於是，根據國語課本中出現的植物隱喻所進行的觀察結果，非常清楚地見證了台灣文明進程的落實，亦即見證了一個過渡歷程，從一套專門用於配合政宣言論的行為舉止規範（civilité）所建立的象徵系統，轉而發展出另一套象徵系統，藉以讓更新了觀念的文明／公民性（civilité）得以實現，如此，民主計畫中必要的轉渡性機制因而成為可能。

在全部的文章之後，尚有一篇艾倫‧玫蘭—卡吉曼所撰寫的跋文，她所提出的總評不僅具有統整摘要的作用，也在學者之間開啟了非常豐富精采的對話，為不同學術領域之間串起一場非同凡響的交流，因此亦有助於更廣泛地了解台灣的身分認同。

本書能夠出版，非常感謝幾位協助學術審查的學者。事實上，每篇論文都交給兩位學者匿名審查，一方面是專注在文明性的議題上，借重了多位「轉渡」研究團隊成員的專長：Hall Bjørnstad、Lise Forment、Brice Tabeling、Eva Avian、Matthieu Dupas。另一方面是依各篇論文處理的台灣歷史文藝主題以及不同的研究領域，邀請專研的學者審查：Sandrine Marchand、Marie Laureillard、黃馨逸、Wafa Ghermani、Frank Muyard。此外，除了貢獻文章的所有作者（有的也兼譯者）之外，也要特別感謝非參與撰文的特邀譯者，即本系老師許綺玲教授，還有兩位中大法文研究所的系友，資深譯者賴亭卉和目前為中研院歐美所博士後研究員的張雅婷，他們克服了理論和專有名詞翻譯上的困難，完成了這個艱難而獨特的傳渡任務。

最後，作為結語，我想簡短地談談本書封面的水彩畫圖像。我一直在找尋一個足以象徵台灣文明性的意象，某個東西、一隻

動物、一種植物等等，那麼，何不採用某樣水果呢？而選擇的條件是這種水果要能夠從一般或普通的象徵脫穎而出，且尚未如花生或番薯一樣已滿滿地承載著台灣形象（可參閱本書有關植物隱喻的論文）。

這樣一想，我認為釋迦這種水果似乎很適合扮演這個代表性的角色。這種水果並非專屬台灣地域性的水果，因為在地球上其他地區也找得到，不過，在台灣，釋迦相當普遍，也廣受喜好。而為了讓釋迦更具有國族認同身分，我把它描畫得更貼近台灣──大家不難認出上方的玉山頂峰，還有台灣島的輪廓，安處在周邊的形構中，象徵所有國家民族和睦相處的祈願。

我會選擇釋迦這種水果，是因為它形似釋迦佛祖的頭部，也因此而得名；而佛教（和其他地方信仰）在台灣也可能是諸多有利於促成文明／公民性發展的元素之一。其中的類比相似性，乃建立於聖像特有的一搓搓平貼旋渦捲髮。我設計圖像時，先把釋迦這個水果視為一個頭臉部，這樣就方便為其戴上一個常見於台灣的醫療口罩。

口罩當然有著現今時代的指標性，但在此口罩不僅僅指涉全球的疫情。它一方面很具體地作為一項「防護措施」以降低病毒的傳播。另一方面又能從象徵的觀點來看，可詮釋為亞洲和歐洲之間的空間界線符號。我們且不在此追溯疫情發生以來之種種時事事件的過程細節，但在歐洲，強制戴口罩曾經遭到拒斥唾棄，甚至有時以非常粗暴的方式排斥；反之，在亞洲，戴口罩之舉普遍得以被接受。口罩在台灣的生產尚且參與了一項地緣政治的策略，又以口罩進行外交援助，因而使台灣躍上了國際舞台，成為防疫的極佳榜樣。

這一切其實取決於人民如何看待口罩：它是壓迫的符號？遮掩的符號？剝奪自由的符號？或者相反的，是對公共空間表達的尊重？是為他人著想？換言之，是一種文明／公民性的示意舉動？這些正向反向的種種提問，便直接觸及了我們這本專書試圖興起的問題意識。

（中譯：許綺玲）

繁盛與脆弱：台灣的出版與閱讀

博磊

Pierre-Yves Baubry

首先，有個直覺感想：當代台灣社會似乎具有高度的文明／公民性（civilité），而其文學對此狀況並不陌生。

不少人注意到台灣社會有某種人情「溫暖」，無疑這可能僅限於某些人與人之間的活動，同時取決於特定的歷史社會條件；雖然如此，溫暖人情對於這個國家和居民給人的親切感並非無所助益。更有甚者，台灣出版業的自由和活絡也廣受注目。每年有全亞洲最大型的書展在此舉辦，成千上萬的書展觀眾紛紛湧入，就為了親炙當地或國外來的作者。而尚有諸多其他的現象，都在加強我們起初感受到的直覺印象。

在《文明性及其發展：台灣與中國的各自經驗》（*Civility and its Development: The Experiences of China and Taiwan*）[1] 一書中，夏克（David C. Schak）對台灣當代社會高度的文明／公民

---

1 David C. Schak. *Civility and its Development: The Experiences of China and Taiwan*, Hong-Kong, Hong-Kong University Press, 2018.

性發展感到驚豔，將文明／公民性定義為「一種態度，認為對所有人不分親疏，皆值得起碼的關注、尊重和禮遇」[2]，與此相對的是一種只限於對自家人、親族和近鄰表示敬重的態度。這樣的定義有點接近艾倫·玫蘭—卡吉曼（Hélène Merlin-Kajman）所發展的文明／公民性（civilité）觀念，即一種「共同生活的藝術，既不同於近親關係，也不同於階級高下所要求的尊禮形式」[3]。

如此定義的文明／公民性在台灣是晚近才發生的事，夏克認為這應當是出現在1990年代，因他提示說，要等到台灣人民達到一定的經濟發展以及一定程度的社會均一性時，才有可能根深蒂固。他寫道：「台灣逐步成為 [……] 一個自主的社會，眾多個人所形成的社會地平線，自同類相屬的小社群向外擴展，直到涵蓋整個台灣，在其中，人們與大部分並不相識的他人共享這個想像共同體之內在成員的同一認同感。就因為將他人視為共享台灣人的同一身分，於是造就了一個基礎平台，足以讓他們以公民（公德倫理態度）相待。」[4]

探究台灣社會內部的文明／公民性發展，意味著應該要了解這個基礎平台是如何形成的，而此一全面性的研究計畫便是夏克曾試圖進行的。而同樣重要的是了解台灣的文學是在什麼樣的土地上開花結果的。關於這點，我們不能將文學僅只看成是一些文章的總合體，以為自然而然就會對社會行儀產生影響。對此，艾

2　David C. Schak. *op. cit.,* p. 15.

3　Hélène Merlin-Kajman. « Civilité: une certaine modalité du vivre-ensemble », *French Literature Series*, 2006, pp. 205-219.

4　David C. Schak. *op. cit.*, p. 120.

倫·玫蘭—卡吉曼提出相關的文學研究視角，而她所主導的「轉渡運動」適足以避免這樣的暗礁陷阱。文學，論其實質，並不只是文學文章的集合而已，而是「一種分享文章的方式，不論這些文章是否屬於此一文學總體」[5]。

這樣的做法因而能將文學同時視為「自由的場所」與「傳遞的場所」，並探詢文學關聯本身的豐富性、穩固性，以及其與（作為個人之間人際關聯模式的）文明／公民性之間的關係。

艾倫·玫蘭—卡吉曼也力求關注文學與非文學文本的生產、發行與接受的模式。正是因此，筆者在此打算檢視台灣出版業的發展，以及其所曾面臨並須克服的歷史、政治、語言、經濟等各方面的挑戰，進而開闢出分享文學與非文學文本的空間。

如此一來，與其說針對文學本身，不如說是文學所植基的平台才是我們這裡要探究的。經由爬梳歷史進程的繞轉歷程，筆者希望開啟一些途徑，以便思考台灣的公民性與文學之間的關聯。

威權統治下，自主性受到限制的出版業

台灣的歷史曾經歷過多次深層的斷裂，當代最為深刻慘痛的一次是在1945到1950年間的過渡階段，也就是戰後從日治時期轉而由中華民國政府負責接管，而不久，整個國民政府退到台灣群島，1949年之後，包括台灣本島、鄰近的小島，以及靠近中

5　訪艾倫·玫蘭—卡吉曼談：「文學並非一些文章的集合，而是一種分享」。（Victor Toubert. « La littérature n'est pas un ensemble de textes mais un type de partage », entretien avec Hélène Merlin-Kajman, *TRANS-revue de littérature générale et comparée*, n° 22, 2017.）

國沿海的幾座小島皆由設在台北市的國民政府管轄。這個動盪的轉變造成了幾起重大的創傷事件，顛覆了台灣的政治與社會風景，也影響了台灣的語言、出版和文學。

日治時期（1895-1945）與接下來的國民黨統治時期同樣都對出版業執行嚴厲的審查制。縱然如此，報章、書籍、期刊，以及文學界與詩人圈在這兩個時期尚能彼此交流想法，出版著作，維持一定的論壇，諸此種種，都在台灣社會留下了深刻的印記。

日本剛取得台灣統治權當時，不同的族群仍以各自的方言溝通，有閩南話[6]、客家話[7]和各種原住民語言[8]，僅有少數文人習於使用古典漢文寫作。二十世紀初，傳統詩人圈尚且成為台灣與日本文人之間的交流和建立友好關係的場域[9]。從1905年起，尤其自1920年代開始，由於印刷業的發展以及出現發行量很大的報紙，促成了使用地域性漢語表達的一種民間文學崛起，並且帶動了一場重要的語文論爭，也受到日本及中國同一時期正熱烈開展的白話文運動之影響。

再者，曾前往日本「內地」求學的台灣知識份子在這個時期創立了各種期刊，比如《台灣民報》，見證了台灣民族情感的誕生。作家賴和（1894-1943）為這場運動的重要代表人物之一。

6　閩南語是中國南部福建和廣東省一帶漢民族所講的語言，前幾個世紀來台定居的人口當中來自這一帶的人佔絕大多數。在台灣，閩南語也稱作「福佬話」，或者單單稱做「台語」。

7　客語是來自中國南方客家人所講的一種漢語，屬於漢民族的一支，也有許多人移民到台灣。

8　台灣原住民語言，這些原住民在島上已生活了數千年之久。

9　Li Ruei-teng (dir.). *Cent trésors de la littérature taïwanaise.* Tainan: Musée national de la littérature taïwanaise, 2012.

1930年代初，以創立「台灣文藝聯盟」達到高峰。同時期，一些文學團體和協會出版了各種雜誌，有時以同人誌發行，主要探索來自西方的文學新興潮流，有些乃經由日本而得以接觸，如超現實主義[10]。然而，這些活動和出版受到日本官方的審查箝制，有不少很快就遭到停刊。

至於日語，從1937年起隨著日本政府推動歸化政策（皇民化運動），更加強提升日語為國語，因而到了1945年日語已成為台灣青年文人的共通語言[11]。一整個世代的在地作家都用日語寫作[12]，有些人甚至得以在日本知名的文學刊物上發表作品。

1945年日本投降之後，台灣轉由中華民國管制。許多新的報紙紛紛創立。然而在1947年，起自民間的二二八事件遭到血腥鎮壓。接下來的「白色恐怖」政治整肅時期使得絕大多數的台灣菁英從此遭到禁聲，其中也包括文學界人士

忠於國民黨的政軍人士在中國本土被共產黨打敗後，1949年退守到台灣，一起逃難過來的有將近兩百萬的中國人講的是各地不同的方言。一如夏克所指出的[13]，當時在台灣的人民，在語

---

10 *Ibid.*

11 Chou Wan-yao. « The National-language Movement in Colonial Taiwan, 1937-1945», *New History Journal*, 2012. URL: http://saturn.ihp.sinica.edu.tw/~huangkc/nhist/6-2CY.html

12 Angel Pino, Isabelle Rabut. (dir.) *Le Petit Bourg aux papayers*, Paris, You Feng, 2016, p. 380.

13 「1950年［……］，台灣人口的組成有非漢人的原住民、河洛人、客家人和大陸人或外省人。原住民分為許多不同族，各自有其居住地帶，且當時並無所謂共同的『原住民』正名身分。客家人及河洛人（或台灣人）依鄉鎮分成許多社群，以地域為認同中心，所使用的方言其次」。（David C. Schak. *op. cit.,* p. 118.）

言使用方面非常多元。

　　1949年宣布戒嚴令（直到1987年才解除）。1950年代開始，台灣在民族主義政權所主導的中國化政策下推行新的國語普及化。新的中文或漢語（北京話、普通話）[14] 是產生於中國仍為共和體制的1920年代，主張「以民間用語，即白話文，取代古典漢語，主要目的在於提高教育成效」[15]，如此強施於台灣的中文，是為了達成威權國家政權的中華民族計畫，而非真正屬於台灣本地的語言。

　　日語的使用，還有閩南話、客語及各種原住民語言的使用都遭到阻擾，甚至在公共場所受到打壓，這種情況或強或弱一直持續到1980年代中為止。原本以日語為表達媒介的作家即使未受到政治迫害也通常不再寫作，或者逐漸轉用中文，僅有少數例外，如黃靈芝（1928-2016）拒絕以中文寫作，繼續用日語創作俳句。

　　反之，後來主導文壇數十年的是1949年從中國大陸來的漢語作者，且被認為是代表全中國的文壇。起初，這種情況下產生的文學雖受制於民族主義中國強調的反共愛國基調，且為官方組織所框限，但是文學界後來依然逐漸取得了較大的自主性，其特色是來自西方影響之下所產生的各種現代主義潮流，因而擾動了中文語言自身及其詩意的表達，其中還包括更具有前衛性的各種

14　從1950年代起，有系統地以標準北京話作為「國語」施行於台灣，雖然和中國的「普通話」相近，但有許多用語是融合了台灣本地其他各種語言的影響所形成。台灣的中文是以傳統繁體字書寫，不同於中國所使用的簡體字。

15　Yoann Goudin. « Le mandarin centenaire!», *Taiwan aujourd'hui*, 2013, n° 2. URL: http://taiwaninfo.nat.gov.tw/news.php?post=63597&unit=60,75,75,81,81,182

發展。

　　一個編輯生態自此重新組成，支撐其存在的既有日本人留下來的下層結構，同時也有從中國移轉過來的資源和人才。以商務印書館和中華書局爲例，許多大出版社從上海來到台灣，重新起家。其他如皇冠出版社和三民書局約於同時期，由逃難至台灣的大陸人士所創立。

　　1950年代開始出現了專業的詩歌刊物（《創世紀詩刊》）與文學期刊（《現代文學》），兼有外國文學譯著、文學評論以及原創作品發表。從1970年代開始，《中國時報》和《聯合報》兩大日報的文藝副刊，繼五家新起的出版社（即純文學、大地、爾雅、九歌、洪範，並稱爲文學出版社的「五小」）之後，亦取得了重要地位，成爲文學創作的主要發表管道。有些少量發行的文學期刊亦從旁激發重要的論辯，尤其是針對現代主義進行批判，支持文學寫實主義，在他們的出版中接納衆多台灣本地的作家等。

　　自1960年代起，生於台灣本地的作家作品也受到文壇具有影響力的人物如林海音（1918-2001）的提攜，林海音是《聯合報》[16]的副刊主編。1970年代，這些台灣本籍作家因善於掌握中文，已能和中國來的作家平起平坐，並將「鄉土」的問題置於文學辯論的中心[17]。

　　編輯活動也安頓於公共空間。位於台北市內，連接火車站和總統府之間的重慶南路，早在日治時期便有教科書的印刷機構座

16　Angel Pino, Isabelle Rabut. (dir.) *Le Cheval à trois jambes*, Paris, You Feng, 2016.

17　Angel Pino, Isabelle Rabut. (dir.) *De Fard et de sang*, Paris, You Feng, 2018.

落在此，戰後更有多家書局在此開業，其中不少來自上海。1966年，第一家連鎖書店「新學友書局」創立。重慶南路一帶因而被稱爲「書店街」，路邊也有不少書攤賣書和報紙。也正是在這裡，禁書得以暗中交易。

還有二手書店也在首都開業，早期特別是集中在牯嶺街一帶，持續到1970年代中葉爲止，後來在市政府的驅趕下，才轉移到光華商場地下街。在沒有著作權法的保護下，這些書店開通了盜印書籍（以英文書籍爲主）和漫畫的銷售。

戒嚴法終究仍阻礙了編輯的發展。審查制度不只用於管制成人讀物，同時也針對漫畫。但有些仍得以逃過審查，比如從日本輸入的漫畫市場此時得以蓬勃發展。

此外，1950至1970年間，美國對於代表「自由中國」的盟友台灣提供了大量援助，同時期，英語文學經典的翻譯出版也受到鼓舞。起先是出版社重印1949年之前中國出版的譯著，但通常將翻譯者的本名省略或改換掉。接著在美國的引導下，在台成立的《今日世界》雜誌和出版社促使上百部的著作得以翻譯，涵蓋領域包羅萬象，並由知名作家和譯者擔任翻譯者。

1979年台美斷交後，對此發展趨勢並未造成明顯問題，此時正當台灣經濟快速起飛且人民生活水準提升，私人經營的出版社開始接手拓展。1980年代初，皇冠出版社的當代經典系列因而出版了442種著作，而遠景出版公司編輯了150本譯著，其中包括六十多部的「諾貝爾文學獎」系列譯著。

然而，受到審查制和語言斷層的影響，二十世紀上半的台灣文學生產卻長期受到忽略，而年輕一代的學者只有在旅居國外的

時機才能接觸到那時代的作家與作品[18]。不過，自1970年代中期，日治時期的文章開始被重新發掘，因而開啓了各種文集與合集的編纂出版。

台灣本土認同也逐步地確立，而少數族群語言的遺產逐漸獲得承認，原住民的故事也得以含蓄地找到發聲的文字舞台，過去一直被禁言的主題得到了更大自由度的探討，台灣群島特有的題材也浮上了檯面。隨著社會運動直攻社會問題、環保問題、語言問題和認同問題，寫作方面也激起了同樣這些主題的迴響。

對社會學者夏克而言，這個從台灣現實中汲取題材的文學崛起，有助於「創造一種台灣意識」以及「一種潛在的感覺，體會到：人們所遇到的他人，不管是否認識、是否曾經見過面，不管是熟人或陌生人，都同屬於一個有意義的想像共同體」[19]。

1987年，當戒嚴法解除時，人民的教育程度已經高度提升。自1968年以來國民義務教育已延伸到九年。小學就學的比例原本在日治末期已相當高（71%），1954年更達到86%[20]，而自1976年起更突破99%[21]。而十五歲以上的公民當中，文盲的比例在1952年仍超過40%，四十年後已降到只剩6%。

18　Pierre-Yves Baubry, David Rioton, Tan Xin-Yu. « Li Ang: J'essaie de créer une histoire taïwanaise », *Lettres de Taiwan*, mis en ligne le 1er septembre 2015. URL: https://lettresdetaiwan.com/2015/09/01/li-ang-jessaie-de-creer-une-histoire-taïwanaise/ （2017年10月9日查詢）。

19　David C. Schak. *op. cit.*, p. 135.

20　« Problems of Education in Taiwan », 1954. URL: https://taiwantoday.tw/news.php?unit=12,12,29,33,33,45&post=23230

21　« Education in Taiwan, 2010-2011 », *Ministry of Education*. URL: https://stats.moe.gov.tw/files/ebook/education_in_taiwan/2010-2011_education_in_taiwan.pdf

正如法語之於法國，中文在台灣也一樣，但是在為期較短得多的時間裡，也是經由強制而被普及採用；再加上生活水準和教育水準的提高，語言的統一和普及或許有助於形成台灣社會均一化的現象，而這也是夏克認為要形成文明性的前提之一。然而，中文的採行很顯然地，至少在開頭，與國家的統治意志極有關聯[22]，尤其是表現在透過法律禁止在公共場合使用地方一般通用的口語。

台灣擁有欣欣向榮的編輯出版，而相對於政治方面，出版業此時已達到了一定的自主性，惟冀求能享有更大更多的自由。

遍地開花結果的出版業

1980年代末，台灣的出版界得力於國家的民主化以及經濟起飛，達到了可觀的成長。

司法方面的重大變革為出版業前所未有的繁榮發展奠定了基礎。從解除戒嚴法到1999年廢除出版法，此後，官方的審查制、過去種種對於媒體創刊的約束，以及其他各種各樣的限制都解除了。出版業突飛猛進的發展，部分原因也有賴於2002年起台灣加入世界貿易組織所帶來的自由貿易[23]。

因缺乏國際間外交關係上的正式承認，台灣無法簽訂伯恩公約及著作權公約。但台灣仍基於和美國簽訂雙向的著作權法保護

---

22 此處我刻意採用艾倫·玫蘭—卡吉曼針對法文所表達的一些說法（*La langue est-elle fasciste?*, Paris, Seuil, 2003.）。

23 Pierre-Yves Baubry. *L'édition à Taiwan*. Paris, BIEF, 2015, p. 94.

協議，於1992和1993年採行了類似的作法。

1990至2005年間，每年至少有申請一次ISBN的各種單位（出版商、行政機構、非營利或私人組織）雙倍增加，從3,300次左右增加到8,400次。其後，數目逐步下滑，大約到了2010年趨於穩定，約每年5,000次。

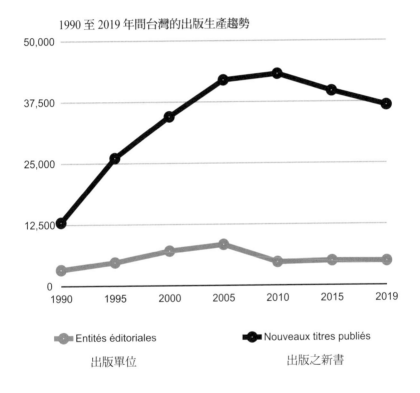

1990 至 2019 年間台灣的出版生產趨勢

在各種出版相關數據中，直到2010年為止出版公司顯見不斷增加。因此，根據財政機構統計，2010年台灣大約有1,770家

營運中的出版社[24]。其中有大型報業集團下的出版公司（聯經集團、中時出版集團），也有的是由一位出版界名人所主導（皇冠集團、遠流出版、遠見、天下文化出版、大塊出版），或是外資投資設立（城邦媒體控股集團、東販集團），還有許多獨立出版社及大學所屬的出版社。

這段時期所印行的書目主要取決於出版商，然而1990至2000年間的出版大爆炸也反映了台灣公民社會的活力。台灣的公民社會，透過各式各樣的協會、公民組織或基金會所發起的宗教、女性主義、環保和文化議題等活動，也充分表現在強有力的出版編輯活動上。

出版社和編輯因時機到來而風起雲湧，與此相應的則是每年新書的出版量爆增，從1990年有13,000本新書出版，增長到2010年的43,000本。若以每人每年平均出版之著作量來算，台灣是世界排名數一數二的國家。

許多出版社都有佈署自己的銷售網絡，而大型的出版集團（比如天下、城邦、中時、遠流等）都有創立自己的讀者之友會、讀書會，並舉辦行動圖書館。

金石堂集團的第一家書店創立於1983年。當時，金石堂連鎖書店曾引入許多新的作法，如書店內兼賣文具，有專門給表演節目劃位訂票的服務，店內還設有咖啡座，定期出版書訊專刊，也經常為新書發表舉辦演講或座談。2000年前後的高峰期，金

---

24 根據財政部統計（以2017年9月30日所查詢的資料為準）。URL: http://web02. mof.gov.tw/njswww/WebProxy.aspx?sys=210&kind=21&type=1&funid=i0513&rdm= ffffffff

石堂曾擁有上百家分店。

　　1989年創立的誠品書店集團又代表了另一個轉捩點。第一家誠品書店設在台北市敦化南路上，後來甚至有二十四小時開放服務，長久期間一度被視爲首都的文化象徵。到了2010年誠品在全台已擴展到39家店，一方面雖仍保留書店經營爲重心，但另一方面也拓展精挑細選過的設計名品店及服裝專櫃，開設在其空間內，並分租給多家咖啡店、餐廳，以及其他各種各樣的服務，甚至與文化本身已脫離了關聯。

　　台北國際書展（TIBE）是國際出版商、直銷商，以及作家和讀者齊聚交流的重要盛會。1987年，當戒嚴法方才宣布廢止後的幾個月，便在當時的新聞局指導下成立了國際書展，1998年起成爲一年一度的盛事。到了2000年，書展迎接的參觀者達到四十萬人次。除了有重要商機之外，台北國際書展也很快地成爲出版業的活力象徵，其活動包括洽談翻譯版權等事項，因此也有助於在國際間確立台灣民主法治的形象。

　　國立台灣文學館於2003年在台南市揭幕，代表了文學在台灣民主社會中的重要性象徵。起初的構想是打算做爲台灣當代文學的檔案中心，後來成爲完整的博物館，扮演了研究和文學交流的重要角色，尤其是在翻譯方面；並提升以台語、客語、原住民語爲母語作者之創作文本的評價地位。

　　1980年代末的民主化過程中，中文並未失去其中心地位，不過台灣其他的口說語言逐漸受到重視。正如韓可龍（Henning Klöter）所指出的，對各種語言的重新肯定乃出自政府的政策，

且主要是在 2000 年至 2008 年民進黨執政時期[25]，不過，早自 1980 年代起，尤其進入 1990 年末，已有作家、辭語研究者、公民社會組織的各種協會和團體，如火如荼，致力於重新活化台語和其他福爾摩沙島上的各種母語。

在 1990 年到 2000 年間，編輯業所爭取到的自由便如此緊密地伴隨著公民社會的穩固落實，活潑而多元。

數位化使弱點曝光

然而，從 2010 年起出版產量面臨了明顯的下滑趨勢：到了 2019 年出版的新書只有 36,810 種，比十年前少了將近百分之十五。減少的主要是文學和虛構類著作，2019 年的數量和 2012 年比幾乎不到一半。

印刷量的總數也明顯減少。出版社的營業額在 2010 年達到了高峰，其後，從 2012 年起，便大幅下降，即使 2016 年之後終於回穩，卻再也沒有回升。與此同時，根據財政部的資料，台灣約有三分之一的書店關門大吉。2019 年，據統計大約有 2,100 多家，然而十三年前曾有將近 3,250 家書店。

從此以後，為商業政策與供輸方向定調的是線上網購。首先啟動的是「博客來網站」與連鎖超商的龍頭合作（也就是台灣的 7-Eleven 超商業主）。全國有近六千家的 7-Eleven 連鎖店作為據

25 Henning Klöter. « Vers une société multilingue?», *Perspectives chinoises* [En ligne], 85, septembre-octobre 2004, mis en ligne le 01 septembre 2007. URL: http://journals. openedition.org/perspectiveschinoises/685（2020 年 11 月 28 日查詢）。

點，方便鄰近地區的市民取書或其他商品。「博客來」現今的書籍網購市佔率大約是四成。其線上期刊Okapi負責介紹書和作者。其他重要的書籍網購商為誠品和MoMo（大約各佔市場的兩成）。此外，還要加上綜合性的網購店家PCHome，而讀冊TAAZE以線上交易二手書為其亮點。因書並無統一單價，主要的網購業者便可要求出版商訂出格外優厚的折扣，這對實體書店來說尤其造成了市場的不穩定因素。

台灣出版社 2010 至 2019 年間的營業額消長狀況
Evolution du C.A. des maisons d'édition taïwanaises (2010-2019)

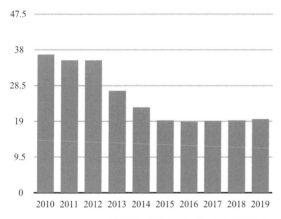

■ Chiffre d'affaires (milliards de TWD). Source: ministère des Finances.
營業額（以十億台幣為單位）。資料來源：財政部。

　　除此之外，在大型連鎖店方面出現了新一波文化產品及服務品項的擴充，這個現象所造成的問題卻是在整體更龐大的「文化資產」和「生活風格」的促銷當中削弱了書籍本身的供應。
　　與此經濟層面的衝擊相對應的，還有閱讀習慣的快速改變。

文化部近十多年來每年所公布的統計數據，顯示閱讀及購書的頻率正明顯下降中[26]。在接受民調的人口當中，一年內（不管是紙本或線上）從未讀書、看報紙、雜誌、漫畫的人數比，從2012年的11.5%提高到2018年的30.4%。2012年有將近三分之二的十二歲以上台灣人，宣稱在接受調查的前一年度至少看過一本書。這些讀者平均讀了21本書，或說至少有翻閱了部分。若就全體十二歲以上的人來看，每人每年平均的書籍閱讀量是13.5本。2018年，只有47.8%的書籍（紙本或線上）讀者，一年內平均讀了13本書。如果以全體十二歲以上的人口來看，這表示每年每人平均大約只讀了5本書。

　　約莫同一時期，購書的比例也有大幅減少。2012年二分之一強的台灣人會一年至少買一本書。六年之後，只剩不到三分之一的人口如此。若文化部做的統計可靠的話，每一位買書者年平均的購書花費在最近幾年有增加的趨勢，但買書者的比例卻在往下滑，所以台灣居民每人平均的書籍花費也隨之停滯，甚至下降。

　　2015年，當被問及這些現象時[27]，大型出版商和文化部紛紛指出一個理想的罪犯：「智慧型手機！是它大量拐走了書籍的閱讀！」（很多人肯定會這麼想）再加上電子書在台灣的發展較慢，使得情況更加嚴重。雖不能排除這個說法，我們仍可舉出其他假設。

26　「民眾閱讀及消費行為調查」（台灣文化部），這些調查起初曾經歷了一段方法上的摸索期，但仍足以呈現大趨勢。

27　Pierre-Yves Baubry. *L'édition à Taiwan*, Paris, BIEF, 2015, p. 94.

比方說，台灣的讀者多半是受教育的年輕人，文化部於2014年針對閱讀所進行的研究指出，在台灣的閱讀，尤指書本的閱讀，與年齡和教育程度成反比。以該年度來講，超過86%的12～19歲的年輕人，以及75%的20～29歲的青年聲稱有在讀書，而60歲以上的人當中只有30%有在看書。在受過高等教育和僅上過小學的人之間，閱讀習慣差距又更大。

大體而言，這樣的數字反映了近年台灣的經濟成長和教育的普及性（且絕大多數人民得以接受高等教育）。一如幾年前編輯人顏擇雅在台灣的《親子天下》雜誌中所指出的，這個現象有其歷史成因：二次大戰後，因中文被制定為國語，原本許多人家中的日文藏書一夕之間忽然變得過時無用。這些藏書在二二八事件後，以及「白色恐怖」期間，甚至可能會招致危險。

約莫同一時期，也就是1949年前後，隨著國民政府來台的中國大陸人民通常只能攜帶極少量的書籍過來。台灣在當時幾乎可說是從零開始。當然，書籍仍照印，可是因戒嚴法持續到1987年才廢除，出版產業終究一直受到嚴密的監控。

因此，不論是書籍印刷品實體、品味和相關的種種參考指引，家族文學資產的建構和傳承，都受到了很大的阻礙。由於有這樣的歷史障礙，顏擇雅歸結說：台灣人民因此較其他地方的人更無力抗拒影視娛樂非常實在的誘惑。

同樣的，父母對於童書和幼兒繪本的重視似乎可解讀為一種教育投資，為的是「給孩子最好的機會」，正如挑選最好的學校或最好的科系就讀，但這個作法不太能理解為真正在開啟文學品味的傳承，好讓孩子在進入教育體制後能延續下去。

是以，讀冊網路書店的副總經理鄭建民於2015年指出[28]，台灣的圖書市場非常仰賴流行趨勢，他說：「大多數的讀者並不真的有偏好的作者，或個人心中評價極高的大師，或者依據什麼其他的準則，來選擇他們的閱讀物。他們往往會聽從別人給的建議，購買的是媒體、網路或書店推薦的作品。」

有待征服的新空間

突來的數位時代使得台灣出版業的弱點曝顯無遺，縱然出版業從此已能自由發展，但仍承受著過往的斷裂傷痛。數位時代的來臨也曾被視為一個擴展編輯影響範圍的機會，而在這個情境下，政府和出版界的各方角色都曾不斷提出各種構想，這代表的是：書籍、閱讀和某種形式的文明／公民性，已成為爭取民主台灣身分認同的種種象徵。

首先，關於語言的實際使用狀況便是如此。現今的台灣是個語言多元的社會[29]，而中文是這個社會的通用語言，幾乎所有的

---

28 *Ibid.*

29 大約有70%的人口掌握不同程度的口說台語，並且隨著年輕世代而急遽遞減（資料來源：https://mhi.moe.edu.tw/newsList.jsp?ID=5）。台語主要是指口語表達，但可藉由中文字（部分是借用其發音）或者用注音符號，或其他羅馬拼音的方式來書寫。能說能聽懂客語的人約佔10%。約共有400,000原住民或多或少會說原住民語，是口說傳統，且每一種又包括多種方言。其中阿美族是十六個有國家正式認定的原住民族群當中人數最多的。此外，1945年之前生於島上的台灣人受過日本教育，且通常能繼續掌握運用這個語言。日語仍是現今台灣第二大外語，僅次於英語。英語從小學教起，絕大部分人口可用不同程度說英語。最後一點，由於近三十年來有成千上萬以東南亞國家為主的「新住民」移居台灣，為了短期工作或者因通婚而來台定居，因而可以理解在台灣有其原生

人民都能說能寫中文[30]。國民基本教育法逐步延長到十二年，然而義務教育幾乎一向全用中文在執行，其作為共通語言的地位，如前所述，完全沒有受到動搖。

然而，2017年，原民發展訂定的法規促使總共十六族原住民的母語獲得了國家的承認，正式取得國家語言的地位[31]。2017年末，客語亦被認定為國家語言之一[32]。2018年採行的國家語言發展法規[33]更為完備地提出各種方法和部署來保護這些語言，包括台語和台灣手語。

福爾摩沙的各種母語因而成為受保護及推廣行動的對象：具體作法包括訓練教師、（自2001年起）將中文之外的一種方言納入小學必修課程，初中和高中開設選修課，在原住民村落執行課外教學計畫，舉辦各種推廣活動，創立專屬的廣播電台及電視台等等。近年，又在某些有較多與來自東南亞國民國際通婚者的

地語言（印尼語、菲律賓語、越南語、泰語、高棉語）的流通。

30 台灣十五歲以上的中文識字人口於2019年高達99%。來源：*Coup d'œil sur Taiwan 2020-2021*, 中華民國外交部 ministère des Affaires étrangères de la république de Chine (Taiwan), Taipei, 2020. URL: https://multilingual.mofa.gov.tw/web/web_UTF-8/MOFA/glance2020-2021/2020-2021%20Taiwan%20at%20a%20Glance%20(French).pdf

31 « Seize langues austronésiennes deviennent langues officielles à Taiwan », *Taiwan Info*, 16 juin 2017. URL: https://taiwaninfo.nat.gov.tw/news.php?unit=47,59,62&post=116974

32 Cheng Hung-ta, Ching Jake. « Hakka made an official language », *Taipei Times*, 30 décembre 2017. URL: http://www.taipeitimes.com/News/taiwan/archives/2017/12/30/2003684894

33 « Adoption de la Loi sur le développement des langues nationales: Taiwan mise sur la diversité linguistique », *Taiwan Info*, 27 décembre 2018. URL: https://taiwaninfo.nat.gov.tw/news.php?unit=47,59,62&post=147853

縣市地區新增了東南亞語言推行計畫。

此外，台灣政府在2018年制定了一項國家政策目標，預定於2030年讓台灣成爲中英雙語國家，而蔡英文總統於2020年連任時亦重申這項政策[34]。

這些倡議並非一帆風順，仍引發了緊張對立和競爭角力，正如韓可龍大約十五年前所預言的，這些倡議主要具有象徵意義，但不至於對中文的優越地位有所動搖質疑。然而，這些倡議對於出版業，以及教科書、辭典、以各種不同語言書寫的童書或小說的出版，都有一定的影響。

文學創作方面，就當代而言，主要作品仍是以中文表達。僅有非常少的作者以台語、客語或一種原住民語言來創作，用的是中文字體，要不然用羅馬字母拼音。其他更多的是在同一篇文章之內援用多種語言（舉例來講，在中文的文章內出現台語的對話），或者以各種語言轉注、假借等方式來表達。

編輯出版方面，大約94%在台出版的書籍是以繁體中文所書寫，約1%用中文簡體字，英文書約佔2%，剩下的是其他語種[35]。

在所有出版的書籍當中，翻譯作品的數量有大幅成長，從2012年的20.9%到2019年上升到26.2%[36]。其中最多的是日譯書籍，然後是英譯著作，比例再小一點的是韓語中譯本。其他外語

---

34 « Faire de Taiwan un pays bilingue mandarin-anglais: la présidente Tsai fixe le cap pour 2030», *Taiwan Info*, 24 novembre 2020. URL: https://taiwaninfo.nat.gov.tw/news.php?unit=47,59&post=189539

35 臺灣圖書出版現況及其趨勢分析年度報告（國立中央圖書館，2012-2019）。

36 *Idem.*

書也有增長趨勢，目前已達到全部譯書的10%以上，讓讀者得以接觸來自各種不同文化的文章。

台灣出版業和文學創作所處的語言情境因而是向著語言多元性開放，從這個特點，我們可以試著提出一個假設，即此一特點帶動了分享的意願和關係的建立。

台灣雖然在文學或虛構文類作品出版方面有減少的趨勢，但仍應註明一下，在2012到2019年間，歷史、哲學、宗教、社會科學領域的著作出版有超過20%的成長。

近年來，編輯出版界人士更多方開拓機會以鼓勵讀者親近書籍。書店所扮演的傳統角色仍繼續發揮而沒有消失，且運用各種並非專屬於台灣的策略。無論規模或大或小，書店越來越致力於突顯書店的建築體環境，藉以呈顯書的價值，但因為以商業營利為目標，使得書店同時也規劃為休憩的場所，甚至是網美樂於拍照的場景。

以文學為中心所設計的聚會活動（演講、與作者的見面會、論壇、放映會等等）之外，還有非文學性的活動（以強調觀眾出席為主：如課程、工作坊、音樂會……）。此外，線上和非線上活動也越來越能整合，比如邀請作者出席的文學評論交流會，還有其他真正屬於商業性的優惠活動等。

除了傳統的文學社團和期刊、報紙副刊、作家或編輯專欄之外，有不少作家如吳念真、夏曼藍波安、胡晴舫等，運用社群網絡提供進一步的討論空間以便進行意見的交流，甚至直接在上頭發表文學創作。在台灣尤其可以用「臉書」為代表（根據統計調查，2020年有94%的十二歲以上的台灣居民擁有一個臉書帳

號[37]，這無疑是世界紀錄了）。

值得注意的是公權力也參與了這些策略。2012年正式升格的文化部，無論其角色和預算都大幅提升。2013年，文化部支持創立台灣獨立書店文化協會，該協會在台北國際書展安排了許多獨立書店參與，並從2014年開始，每年發行一本全國獨立書店指南。文化部也以經費贊助紀錄片的拍攝，專門介紹獨立書店，並贊助台灣文學作品改編的電視劇製作，希望藉此也能激發讀者去閱讀作品書本身。

公權力也在另一個層次上促進讀書風氣，也就是成立豐富的公立圖書館分布網。政府透過中央圖書館和地方團體的努力在近十二年來大力挹注這一領域。在此僅列舉幾家特別知名者為例：比如高雄市、新北市和台南市的公家圖書館是建築與科技的瑰寶，且提供充裕的開放時間。公立圖書館的擴充和更新也嘉惠了規模較小型的圖書館（如屏東縣的圖書館），以及大城市裡圖書館各分館的密布網。

2019年一年內[38]，台灣的公立圖書館登記入館者達到114,800,000人次，而2012年只有72,700,000人次。2019年大約有81,300,000本書籍被借閱，而七年前是61,600,000冊。

這些行動，對文化部而言，是一項政策的要項，為的是更廣泛地強化和適應出版生態，此一政策尤其還包括針對圖書館出借之每一本書籍的作者予以補助，這項辦法自2020年一月起生效

37　URL: https://www.statista.com/statistics/966613/taiwan-social-media-use-by-platform/
38　「臺灣108年閱讀習慣調查」（國立中央圖書館）。

（爲亞洲首創[39]）。從2021年3月開始[40]，爲促進圖書產業發展，又推出圖書銷售免徵營業稅的辦法，而目前正在思考的是統一書籍的定價。

　　文化部將經濟型態數位化和文化實踐的數位化都視爲出版業所面臨的一大挑戰。針對報紙（尤其是聯合報和中國時報）副刊和文藝版所遇到的困難，還有其所主辦的文學獎項影響力已相對變弱，文化部亦協助轉型，比方支持文學批評之線上新空間的設立，如Openbook 開卷網站。該網站推出優質的內容，並從2017年起舉辦年度書目評選，受到高度的矚目。

　　爲了爭取出版、交流空間以及創作的自由，也可能採取更爲積極的形式，號召動員，參與行動。因此，在2013到2014年間，有許多出版界及文學界知名人士因爲反對台灣與中國[41]打算簽訂的服務貿易協定計畫而站在動員抗議行動的前線，繼而投入了所謂的「太陽花」運動。大塊出版的創立者郝明義也站了出來。當海峽兩岸簽訂服貿協議時，他是最早發出警告的人士之一。他本來是當時總統馬英九的國策顧問之一，2013年7月31日卻爲了抗議服貿協商過程不透明，憤而辭去國策顧問的職銜，同時也對過程中民主法治的監督機制失能而表達抗議。他特別疑

39　« Prêt en bibliothèque: Taiwan lance un programme de rémunération des auteurs », *Taiwan Info*, 9 janvier 2020. URL: https://taiwaninfo.nat.gov.tw/news.php?unit=62&post=169183

40　圖書銷售免徵營業稅正式上路促進圖書產業發展，URL: https://www.moc.gov.tw/information_250_122912.html

41　Pierre-Yves Baubry. « Des écrivains et des tournesols », *Lettres de Taiwan*, mis en ligne le 30 mars 2014. URL: https://lettresdetaiwan.com/2014/03/30/des-ecrivains-et-des-tournesols-12/（2017年10月9日查詢）。

慮的是開放中國介入印刷業投資，在他看來，此舉將對出版自由造成極大的問題。

2014年3月18日數十位學生佔領了立法院，當時郝明義自然是第一批出面相挺的人，同時也積極動員知識份子和藝術界人士。報紙作家、劇作家及小說家馮光遠、詩人李敏勇、小說家黃春明、小說家暨電影編劇九把刀、小說家暨散文家陳玉慧、女性主義作家李昂、作家小野、小說家吳明益、詩人印卡皆公開支持示威者。小說家高翊峰和黃崇凱，《聯合文學》雜誌主編王聰威、小說家伊格言，還有詩人林達陽等，都在立法院佔領期間到場現身。這段台灣社會政治生活的大事因而一時間也成為出版及文學界的大事，留下了多采多姿的辯論以及各種形式文本的生產（論壇、臉書貼文、詩歌、見證……等）。

黃崇凱（《比冥王星更遠的地方》的作者）[42] 在一段臉書貼文中強調「太陽花運動」對於切磋理念、分析複雜問題、考量多元觀點，都足以成為學習的教材。他也強調這個運動提供給參與者一個獨特的機會，使他們也關心其他歷史及社會的議題，他寫道：大家「有機會開始了解」，而我們也成為「彼此答案的一部分」[43]。

即使因歷史的緣故而留下脆弱的體質，再加上消費和閱讀新模式所曝顯的弱點，台灣的圖書出版業依然能夠征服新的空間，無論是線上或實體圖書界，因之能促進文本的流傳。

---

42 Huang Chong-kai. *Encore plus loin que Pluton*. L'Asiathèque, 2018, traduit du mandarin (Taïwan) par Lucie Modde.

43 https://www.facebook.com/permalink.php?story_fbid=857385444277528&id=100000182406760

夏克寫道：「要使一個社會具有文明／公民性，社會不是只有客觀存在就足夠——也就是說作爲擁有一定人口和一個政府的一塊地方——同時這個社會也要『爲己』而存，以主體的形式存在於其成員的精神中」[44]，換言之，必須是透過政治而組成的一體。

從日治殖民統治時期，到國民黨一黨極權統治之下，出版業慢慢茁壯成長，雖歷經了各種意識形態和審查制度的箝制，也受到了歷史和語言斷層的撼動，依然爲台灣的文學流傳樹立起自主空間的柱石。台灣的經濟發展以及高等教育的普及化也有助於發展閱讀的正向態度。

1980至1990年間台灣的民主化改革使得公衆言論得以自由解放，因而也讓台灣的出版業取得完全的獨立性。出版業與壯大的公民社會之形成，產生了緊密的互動，因而也擴大了文學或非文學文本的生產、發行與被接受的空間。出版業的貢獻也在於促使福爾摩沙的各種母語獲得了更大的尊重。

數位化溝通模式的異軍突起，雖然使得這項盛業的根基暴露出弱點。然而，作爲反擊，出版業和公權力的主要人士卻能以堅決的態度來應對，不但努力強化書籍的地位，也明確指出書籍所扮演的角色正是在於傳遞思想，成爲年輕的台灣民主之文明／公民性的有力支柱。

（中譯：許綺玲）

44　David C. Schak. *op. cit.*, p. 16.

台灣當代詩：流光倒影中的探詢

胡安嵐

Alain Leroux

　　在文化與藝術傳統之中，詩歌總是被視為文學中最神聖的表達方式，主要功能在於培育智性與感受力。台灣的詩歌發展史與二十世紀後期層出不窮、瞬息萬變的政治、社會、道德變動息息相關。詩歌會反映出這些變化，有時預告了未來的演變，有時也會探詢這種種變遷的意義。[1]

　　一直以來，我們通常認為中文詩在台灣的發展始於國民政府撤退來台[2]，詩歌史的起源大略如下：四個詩刊在台灣陸續創立，打造了中文現代詩的樣貌，這四個詩刊又分屬四個文學團體，四種詩歌流派。的確，每一份詩刊裡刊登的作品，介紹的作

1　本文並未直接探討台灣詩歌與文明／公民性（civilité）之間的關係，筆者僅針對幾個能夠充分闡明該問題的部分研究。

2　譯註：本文概略梳理台灣近代詩歌發展，其中涉及中國詩人抵台之後在台灣延續詩歌創作的過程，在此地緣移轉的過程中，法文中的 la poésie chinoise 有時從其語言脈絡來看，譯成「中文詩歌」；有時依文中明確的文化、歷史指涉譯為「中國詩歌」。

家，提供的外國翻譯詩，都有其強大的理論依據與選擇，形式上也有其明顯的特徵，凡此皆打造了所謂的中文現代詩。

這段敘述雖然不能說謬誤，但並不完整，甚至有些偏頗，然而這樣的史觀卻一直持續著，直到七○年代末。這與近代歷史背景和當下權力屬性有關，不論是政治或是文化上的權力。

1945年國民政府撤退到台灣，實施中國政權治理，致力清除日治時期遺留下來的痕跡，不但在行政事務上排擠了台灣本島的人民，就連文化活動上也少見台灣人民的身影。1936年皇民化運動以來，台灣普遍人民都被迫學習日語。島國的政治與文化權力於是落到了追隨蔣介石撤退來台的這些人手上。

能在現代文學與詩歌的發展扮演重要角色的人也都是來自大陸。正如他們所追隨的政體，不論認同與否，他們都以中國文化的保管者與傳承者自居，而海峽對岸的共產主義正在荼毒戕害中國文化。這些外省作家帶來台灣的是中國歷史的遺產、抗爭與質疑：尚未結束的國共內戰、美軍轟炸廣島之後中日衝突的後遺症，以及五四運動的後續影響，而五四運動本身也是中國與西方衝擊與創傷的事件。

在此稍微回顧近代史。以撤退來台的時間為基準，大約往前回溯三十年（戰爭與改革頻傳的三十年間），當時發生了五四運動，五四運動在政治與文化牽涉的層面相當深廣，主張中國現代化，依據西方國家兩個主要的價值：科學與民主。就本文所探討的詩歌領域來說，五四運動主張現代詩的語言，必須摒除文言文，文言文象徵舊階級的傳統價值，冥頑不靈，不符合現代，必須以白話文取代之，白話文才是人民日常生活中使用的語言。

這不單單只是美學或風格上的革新，也不只是社會、文化的

革命。這更是一場感受力上的革命，或者更可說是主觀性形式的改變，所謂的主觀性即個體以主體的位置展示與反思的方式。詩歌、詩歌性質、詩的語言的改變，都與這個新的存在方式有密切的關係。1917年，沈尹默的這首詩就可說是一個極具代表性的姿態：「我和一株頂高的樹並排著，卻沒有靠著。」詩中，可以看出想要自外於自然整體之外的企圖，作為主詞的「我」已經開始出現，雖然還有些躊躇未定。[3]

不過，摒除了所有的古典形式，要用什麼來取代呢？要如何從白話文這種人民的語言中塑造菁英，打造詩歌形式和書寫，因應新世界中的新人類呢？民間的元素開始被運用，西方的形式也是可借鑑之道。不過，三○年代末，這樣的嘗試卻由於戰亂接踵而至，局勢動盪不安而被迫中斷：先是中日戰爭，接著國共內戰，最初是保衛國家，接著捍衛階級。即便詩歌精神能夠被傳承下來，詩的表現卻幾乎全都挾帶著國家與政治的企圖。

三十年之後，重新創造中國詩歌及其語言的目標依然持續著。於是，此一時期，台灣詩歌史上的主要份子就落在那些從中國撤退到台灣的這一批作家，他們在五○至六○年代體悟身負延續之重任。

在這場任務中，有一個人扮演了關鍵性角色——紀弦。紀弦的詩歌創作生涯始於三○年代的上海，曾參與當時戴望舒主持的現代派團體。五○年代初，紀弦來到台灣。當時所謂的寫詩不外乎就是寫一些戰鬥文藝、國家主義標語的詩，多少採格律包裝，

3　引自奚密，《現代詩文錄》，台北：聯合文學，1998年，頁27。

要不然就是持續寫新古典派那種過度雕琢美化的詩。紀弦不認同這樣的創作，他號召了一批對當代詩歌有共同理念與執著的詩人。事實上，紀弦一開始採用戴望舒的理念，也就是：「現代詩是現代詩人在現代生活中所感受的現代情緒，用現代的辭藻排列而成的語句群體。」[4] 此外，他也挹注戴望舒創辦《新詩》詩刊。參與這個團體的仁人志士，許多早已是著名的詩人，但也有不少是剛入行的詩人，大部分都是外省人，也有少部分曾接受日本教育的本省籍詩人，他們竭力學習中文，試圖「跨越語言鴻溝」。

紀弦反傳統的立場非常明顯，他主張詩歌不用韻和無格律。「我的看法基本上就是，詩不用韻，現代詩最大的特點其實就是自由，絕對自由。」任何一首詩都不該模鑄在某種永恆不變的形式中，詩必須根據內容的需求創造自己的形式。[5]

因此，詩歌必須在形式與內容上更新，為此他發明了一些新的表達方式。對紀弦而言，形式本身就是表達的元素，意思的元素，或以今日的術語來說，意義（signifiance）的元素。因此，紀弦可稱得上現代藝術家，就像尼采（Nietzsche）曾說：「藝術家的代價就是將非藝術家稱之為形式的一切，當作內容本身或客體對象來看待。」[6]

因此，紀弦認為波特萊爾（Baudelaire）以來的詩歌運動就是唯一要接收的遺產。紀弦的西化運動首先發揚光大的，包含自

4　引自蕭蕭，《現代詩入門》，台北：故鄉出版社，1982年，頁55。

5　參考《紀弦詩論》，頁33起。

6　Friedrich Nietzsche. *Fragments posthumes, Œuvres philosophiques complètes*, t. XIV, 18 [6], p. 281.

波特萊爾以降一切新興詩派之精神與要素的現代派，也要斷除五四運動以來的這些傳承。紀弦的立場變得更加絕對，他創立《現代詩》，並發表一份宣言，宣言第二條申明立場，其中一個口號還引起論戰：「新詩乃是橫的移植，而非縱的繼承」。[7]

守舊派的詩人或那些自視文化資產保管者的這一派詩人，他們不認同紀弦的立場，不過，紀弦的聲音倒是被年輕詩人聽見，百餘位詩人紛紛加入現代主義的旗幟。

我們可以理解為何紀弦的號召可以引起這麼熱烈的迴響，為何這個無根文學的主張，雖然投射出西方文學中的抽象視野，卻可以引起青年男女的回應，這些年輕人擺盪在歷史中，沒有結構性的教育包袱，他們踏入詩壇，一展長才，憑藉的是自身的才華與想像力。

這些擁有優良文化傳統的詩人也承受了流亡離散、失根漂泊，與祖國訣別等情感連結上的斷裂。同時他們也被迫與文化連結切斷，不只與過去中國幾千年的文化傳承中斷，也與近期的書籍與文獻失聯。而這些都是三〇年代以來最優秀的資產。從這個角度來看，西方可以再次提供知識的養分。

除了反傳統主義的堅定立場，紀弦的原則還包括智性之強調，即：拒絕純粹的、即刻的抒情，側重意義或效果的製造，透過語言的集中化與濃稠化，以及精簡表達。這些都成為接下來數十年間詩歌書寫追求的特徵。

7　現代派的宣言後來也收錄在《現代文學》第46期，1972年，頁90-91。今日，隨著時代變動，我們可以重新審視這段詩歌發展史影響的深度與廣度。關於紀弦作品中西洋與傳統的對立，可參考楊宗翰，《臺灣現代詩史‧批判的閱讀》，台北：巨流圖書公司，2002年，頁285-315。

然而，這樣激進的立場隨即引來一些反彈，反動的勢力中包括摒棄現代詩，主張回歸古典崇高形式的詩人，此外也囊括一些詩人，他們認同五四運動以來拓闢的新詩路徑，並不認同紀弦這種極端作法的現代主義。這些詩人廣泛受到當代詩的啓發，但主張應保留中國文化的傳承，不論是古代還是近代。他們反對過度智性的企圖，不反對詩應該抒情至上，也不排斥形式上的嘗試，格律的規律性還是有一席之地，同樣也追求韻律。這一群詩人先是組成現代詩歌文學團體，接著創辦了一份新的詩刊，名爲《藍星詩刊》。他們最早提出應該兼採中西文化的主張，最終的目標在於讓詩歌更接近大眾。[8]

　　另外一個團體也在不久之後成立，還創辦了一份新刊物，名爲《創世紀》，由三位在海軍服役的軍官創立。面對紀弦的西化主張，「創世紀」詩社最初嘗試堅持維持一種「東方味」，隨著現代主義陣營光環漸退，他們開始高舉旗幟。《創世紀》對中文新詩的貢獻不可抹滅。詩刊對理論的反思，詩歌的實踐，詩歌準則的提出有其特殊的重要性。《創世紀》詩人把詩歌建立在影

8　余光中、楊牧、周夢蝶、羅門、蓉子、　虹等詩人都屬於藍星詩社。余光中的這段話道出主旨：「我們從未推選什麼社長，更未通過什麼大綱，宣揚什麼主義。大致上，我們的結合是針對紀弦的反動。紀弦要移植西洋的現代詩到中國的土壤上來，我們非常反對。我們雖然不以直承中國詩的傳統爲己任，可是也不願意貿然做所謂『橫的移植』。」參考《現代文學》，46期，台北：1972年，頁 12-13。余光中的〈蓮的聯想〉就是這一時期的作品：「虛無成爲流行的癌症／當黃昏來襲／許多靈魂便告別肉體／我卻拒絕遠行，我願在此伴每一朵蓮／守小千世界，守住神秘／是以東方甚遠，東方甚近／心中有神／則蓮合爲座，蓮疊如台／諾，萬何田田，蓮何翩翩／你可能想像／美在其中，神在其上／我在其側，我在其間，我是蜻蜓／風中有塵／有火藥味。需要拭淚，我的眼睛」。

像，一方面調整自動書寫的方式，一方面則延續超現實主義的步伐。[9] 因此，有好長一段時間，評判詩歌品質的標準在於「張力」（tension），由不同影像元素的歧異所產生的張力，張力才能保障詩歌揭示的價值。

團體中還有一個卓越的詩人——葉維廉，他提出了純經驗的啟示，試圖記載物品在意識中的顯現，也就是在精神尚未強制造成習慣性的指涉聯想和判斷之前。換言之，詩人試圖捕捉一種在意義釋放之前，純粹的、具原創性的臨現方式。[10]

看得出來，這個團體竭力尋找，積極嘗試，試圖打造一個足以拓展內在空間的詩歌語言，尤其在意識與無意識之間的模糊地帶探勘。

最後，台灣詩歌草創史的第四個期刊是《笠》詩刊，也有評論形容是「三角立燈的第四隻腳」。《笠》詩刊提醒我們，早在外省人渡海來台之前，台灣或是台灣詩早就存在了，雖然這個事實是後來才比較充分完整被意識到。詩刊的名稱「笠」，即是斗笠，適足說明了詩刊與在地社會與歷史的關係。事實上，除了少數例外，所有成員皆為本省籍詩人，而且最資深的一群還參與過現代主義派，貢獻卓著，因為他們受日本影響，對於當代世界文學有真切的認識。但是笠詩社不再致力挖掘前衛途徑。相反地，

9　洛夫，《洛夫自選集》，台北：黎明文化事業，1975 年，頁 273。《石室之死亡》於八二三炮戰期間開始撰寫，這部詩集特別能反映出所謂「瘂弦的美」：「當我的臂伸向內層，緊握躍動的根鬚／我就如此樂意在你的血中溺死／為你果實的表皮，為你莖幹的服飾／我卑微亦如死囚背上的號碼」。

10　葉維廉的創作過程主要在於使用無論述性的文字，非分析式的中文，他企圖透過現代的形式找回一種類似唐詩的經驗。參考葉維廉，〈中國現代詩的語言〉，收錄於《秩序的成長》，台北：志文出版社，1971 年，頁 170-172。

他們主張直接、簡樸的語言，竭力貼近即刻當下與日常現實。他們追求的這種「眞實主義」，正如桓夫所說，是要「探求人存在的意義，不惑溺於日常普遍性的感情，追求高度的精神結晶」。[11]

不過，笠詩的起源、內容或是語言都正式宣告了日後詩的發展。[12]

詩刊與詩刊之間，詩社與詩社之間的論戰從未停歇，有時甚至針鋒相對，砲火猛烈。當然，儘管論戰不休，他們彼此之間還是相互尊重，不同團體之間依然有他們的情誼，並不影響他們在編輯上合作交流。然而，每個團體對於現代詩的形式、標準的看法各異。每個團體都試圖呈現，甚至強制出詩歌實踐的方法與美學。這樣的意圖可以看出是受到中國文學史和中國古詩的影響，因爲每個朝代都會發展出唯一且獨特的表現形式，例如唐詩或宋詞。我們也可以發現，這種積極尋求單一、完美形式的念頭，其實來自一種主流的意識形態模式，專制單一的企圖中反應出對權力的執念。然而，至少在詩的領域，獨霸的局面已經很難實現了。

事實上，摒除政治，或者說讓政治歸政治，藝術歸藝術，也就是說不要在詩歌中放入明顯的政治影射，一度是台灣現代詩發

---

11 引自李豐楙，《中國新詩賞析（三）》，台北：長安出版社，1981年，頁43。

12 笠詩社的核心價值可從這段話看出：「立足島嶼，雙腳踩在土壤中，關心眾人的生活，歌唱偉大歷史的哀愁與美麗……」引自蕭蕭，頁27。雖是要歌頌歷史，但也有像桓夫這樣拒絕吸收刻板的歷史再現的立場：「不必讓給我位置／小姐 車子開得很快／我底終站馬上會到達／……老並不值得令人尊敬的特權／不必優待我 不必／不必同情我的縐紋這麼多／我吃過歷史／吐出了好多固有道德」。

展的條件。但這或許也成爲詩被邊緣化，或所謂「象牙塔化」的原因。

時代因素使然，紀弦曾表明服膺反共陣營的原則，儘管如此，紀弦的主張意味著摒棄所有明顯、刻意的政治指涉。當時這是一種立場，拒絕讓詩歌服膺於外在目的，這便是詩歌的生命能夠延續的必要與條件：有關當局都可以容忍一切不構成威脅的言論。但是對於任何像是批判政府或相關政策的提議都會遭到打壓。「道高一尺，魔高一丈」，其中的成員這麼說。[13]因此詩人運用了不同的風格手法，避開審查。有些詩人採用晦澀手法當作表達方式，箇中原因自然可以理解。

但是晦澀化處理，或類似這樣的手法，也是這些詩人的做法其中一個必須的結果。而這個做法就是他們去政治化美學的結果，此外還有他們遠離家園，飽受流亡之苦，失根的經驗，無法真實融入社會中，也都解釋了他們爲何遁入晦澀的詩風。最終導致他們轉向個人內在性，探勘主體性，深入挖掘語言，讓語言發展出前所未見的再現方式，而不是挪用事前存在的共識，也就是普遍使用的再現。無論如何，這些詩人將語言的經驗推展到極限，也因此更有效地把現代語言打造成真正的詩歌工具。

這種詩歌創作手法也經常被視爲逃避真實，被貼上主觀、自戀的標籤。當然，探索內在世界原本就會導致這樣的後果。但是我們無法論斷，是否是壓迫的政體下的流亡、漂泊感，以及周遭的氛圍，導致他們採取這種探索式的書寫，導致他們總是表達出

13　參考筆者1986年與周鼎的私人訪談。

內在感受到的情感，例如：苦悶、焦慮、此刻的永恆性、慾望、挫折、孤獨、幽閉、無力感……。

這一時期的詩歌是否真如大家所說的，忽略現實，遺忘外在世界？如果這時期詩的主題通常不寫現實世界或日常生活，回想起來，我們可以發現這些詩其實隱約地反映當時的氣氛：遭受壓迫、整肅的恐怖氛圍、無路可出的窘迫感，遭到嚴密監控，和警察的專橫控管[14]。

這一時期的文學通常被稱為懷舊文學。當然，懷舊的元素確實存在，那些離鄉背井，遠離家園，再也回不了家的人，他們的詩中自然充斥著懷鄉的主題。但除了流亡、懷鄉的主題，縈繞他們作品的主題是戰爭的記憶，以及戰爭帶來的考驗。痙弦就是一個明顯的例子，他的語言劃破文字，就像手術刀解剖身體。

這一時期，存在主義也是這批詩人一個主要的參考指標。這也是戰後普遍的氛圍。除了活在世上的疏離感，這一群人更是經歷了最為極端的處境，亦可說是虛無主義。人類的處境在此赤裸裸的曝現。洛夫寫道：「攬鏡自照，我們所見到的不是現代人的影像，而是現代人殘酷的命運，寫詩卻是對付這殘酷命運的一種報復手段。」[15]

這些喪失一切的人，身無分文，孑然一身，當然是身不由己，這就是裸命，他們只剩下最基本的處境，沒有情感外衣，沒有家族歷史，沒有個性，沒有居所，只剩下一個不斷逃逸的現

14　要了解當時台灣的氣氛，可參考葉維廉，〈雙重的錯位：臺灣五六十年代的詩思〉，《創世紀》，140-141期，2004年，頁59。

15　洛夫，《洛夫自選集》，台北：黎明文化，1975年，頁217。

在。[16]

　　七〇年代，台灣現代詩的演變，詩歌與讀者的關係上都標誌出關鍵的轉折。可以看出，詩歌的接受情況或詩文字的書寫都在改變，換言之，詩歌與社會整體的關係出現了轉變。這些變動從許多方面來看，都反映出島嶼內部與外部的蛻變，不論被動或是主動，這些變動都正在進行中。

　　在這幾年當中，一種雙重的運動正在進行，台灣開始認同現代詩，同時也對現代詩提出質疑。認同現代詩，因為作為書寫的當代形式，詩歌逐漸獲得它的位置與特徵。但與此同時，讀者也要求詩歌符合讀者對它的期待，不論在特徵或是扮演的角色。就算詩歌不是人人都能寫，至少應該要為人人而寫。

　　在這幾年間，社會本身也在變動，或持續變動中。二十年來，儘管任何的嘗試都尚在進行中，事物還是多少有了轉變，不論是政治、經濟、社會、教育和文化。

　　七〇年代一連串的地緣政治事件，深深地傷害了島嶼的地位。扼要來說，首先是釣魚台領土爭議事件，日本人宣稱擁有釣魚台主權，激起台灣高昂的民族情緒，這是台灣第一次遭受侮辱。接著台灣被迫退出聯合國也給台灣人民的自尊重重的一擊。這一事件使政權的論述遭受質疑，也打擊了台灣身分的虛實，以及台灣代表中國的合理性。一連串外交變故造成骨牌效應，中華

16　近期的評論也有提到這一時期詩歌創作中對現實的關注以及社會批判，參閱簡政珍，《台灣現代詩美學》，台北：揚智文化，2004年，頁75-79。另可參考奚密的專書：Michelle Yeh. *Frontier Taïwan*, New York, Columbia University Press, 2001, p. 33.

民國的政治與外交地平線不斷地窄化，就像驢皮[17]不斷縮小，最後縮到僅剩下島嶼的地理輪廓了。

島內同樣也經歷了政治、經濟、社會事件，帶來了深刻、不可挽回的變動。1975年蔣介石逝世，蔣經國繼位，台灣化的歷程正悄悄在進行，體制也相對的逐漸放鬆。不同的聲音開始在島內出現，儘管當時的風氣依舊保守抑鬱。台灣經濟起飛，農業社會轉型為工業社會，以及後來的後工業都市社會，帶來了熱情與希望。但與此同時也帶來了另一種鄉愁，農村世界逐漸消失，傳統價值也正在退隱。不同的生活模式，新舊價值表徵雜沓的堆疊，導致價值觀混淆。

於是也開始出現了焦慮的質問：台灣的特色為何？它的真實性何在？它會不會只是一個華人主流論述下扶植和隱藏的一個虛構？

最後，還有一個重要的事實不能忽略，那就是：七〇年代二十歲的這一批青年，不論籍貫是外省還是本島出身，他們同樣都是在台灣出生，在台灣長大，他們最認識的是台灣，而不是彼岸的大陸。他們所受的教育是國民黨體制下的教育，比起那些接受中國傳統文化教育的長輩更有優良的教育背景。許多詩社都是在大學中成立，且有自己的刊物，這並非只是巧合。這些學生詩人不想繼續擁抱，也沒理由繼續擁抱流亡文學、懷鄉文學或是對遠方故國想像的文學。

新的年輕世代於是企圖在這片新的土地上展現自我，懷抱新

---

17 譯註：影射巴爾札克小說《驢皮記》中能助其擁有者實現願望的一塊神奇驢皮，但每次實現願望的交換條件是減壽，並反映在驢皮的漸次縮小尺寸中。

的需要與渴求。七〇年代初期，新詩都是出自私人的文藝團體或詩刊。國內外的發表、文學選讀、文學概論，或期刊專號都讓新詩能夠再次被看見，提供逐漸擴大的讀者群認識近二十年來的當代詩歌的全貌。[18]

事實上，讀者真正注意到當代詩，進而參與評論，不見得是透過詩歌的出版，而是透過論戰，各大報紙也都會報導這些論戰。《中國時報》就寫道，「所謂的新詩經常寫一些與本土無關的東西，充斥著對中國大陸的響往。這些詩人無法掌握語言……。」[19]

在過去，這些指責也在詩人之間掀起熱烈的爭論。值得一提的是，他們走出了文藝團體，走進大眾。然而這些評論廣泛獲得不同領域詩人、知識份子的迴響，尤其是笠詩社詩人，還有新世代詩人。

1971年起許多新的詩刊紛紛創刊，有些詩刊的標題胸懷遠

---

18 張默、瘂弦主編，《中國現代詩選》，臺北，創世紀詩社，1967年；洛夫、張默、瘂弦主編，《七十年代詩選》，台北：大業書店，1967年；洛夫、張默、瘂弦編，《中國現代詩論選》，台北：大業書店，1969年；王憲陽主編，《新詩金句選》，台北：巨人出版社，1970年；洛夫、白萩主編，《中國現代文學大系》，巨人出版社，1972年。此外，《幼獅文藝》也出版了一期新詩專刊，1969年6月，186期。《現代文學》第46期（1972年3月）推出新詩專刊。1974年6月，《中外文學》第25期也同樣研究詩歌。海外的部分，葉維廉在美國出版英譯詩選：Yip Wai-lim. *Modern Chinese Poetry,* Iowa City, Iowa University Press, 1970；後續還有榮之穎編譯《現代台灣詩》（*Modern verse from Taïwan*, University of California Press, 1973）。在日本，笠詩刊編譯了一冊《現代中國詩歌選》，1970年在東京出版。韓國的期刊《當代詩歌》在1971年8月發表了17首譯成韓文的詩歌。

19 《人間》文學副刊，〈中國現代詩的困境〉，1972年2月28-29日。引自陳芳明，《詩和現實》，台北：洪範書店，1977年，頁43。

大，別具意義：《龍族》、《大地》、《巨流》。這些詩刊的成員都是年輕的詩人，很多都還是大學生。《龍族》的發刊號聲明相當具有代表性：「我們敲我們自己的鑼，打我們自己的鼓，舞我們自己的龍。」[20]

1973年的《龍族》出版了一期專號，對近二十年來的詩歌提出嚴厲的批評。期刊首先指出過度西化的弊病，其中最甚的莫過於讀者對於新詩不再感興趣。「讀者不想讀一些寫得像希臘文、法文，或艾倫·金斯堡（Allen Ginsberg）的詩，他們希望詩人的文字就是他們的文字。」[21]

新世代對於上一個世代提出的挑戰或要求，在於必須更加關注中國的特殊性，以及詩歌在社會與歷史的責任。「捕捉此時此刻的中國風格，用中國文字表達我們的思想，批評社會，但也要接受社會批評我們。」[22]

許多重要的詩人都參與了這些論戰。余光中重拾之前反對紀弦的論調，但其他詩人梅新、辛鬱這些《創世紀》草創的詩人則是強調必須關注生活與真實，考量讀者，思考這個核心問題：為誰而寫？期刊接續其他詩人與讀者的論戰，其他期刊和文章延續爭辯。整體大同小異，皆反映出過度西化、語言晦澀造成的彈性疲乏，意象的尋找經常淪為一種標新立異的需求，而非對真實的挖掘。這裡可以看出三種渴求：重返中國、重返真實、採用大眾可理解的語言。

---

20 引自古繼堂，《台灣新詩發展史》，台北：文史哲出版，1989年，頁402。
21 《龍族》，9期，1973年7月，頁6。
22 引自古繼堂，同前揭書，頁402。

然而，詩歌書寫開始正視這些批評，開始改變自身，加強與讀者接觸。在早一輩渡海來台的詩人之中，開始出現回歸中國的方式。並非身體上的回歸，畢竟兩岸尚未開放旅遊，而是透過文學和文化的記憶進行回歸。

　　於是詩人重新造訪中國文學史，從中借用主題形式、手法，重新活化語言，讓語言相互激盪。《藍星》之前就已經走這樣的路線了，余光中在《龍族》同一期中提到：「回歸中國有兩條大道。一條是蛻化中國的古典傳統，以雅為能事；這條路我十年前已經試過，目前不想再走。另一條，是發掘中國的江湖傳統，也就是嘗試做一個典型的中國人，帶點方頭方腦土裡土氣的味道。」[23]

　　大部分的詩人，不論是屬於哪一個世代，不但不排斥傳統，甚至還認為要找回傳統精神，延續並更新這道傳統。不論思想或形式，詩歌創作都可以從《詩經》以來的中國詩找尋靈感。有些個別的詩人，像是洛夫、陳育虹、許悔之，或是周夢蝶，在探索意義的過程中，都可看見源自中國文化的影響，字裡行間也不乏佛教、道教等思想的蹤影。

　　詩人也致力於中國傳統的再根植，必須關注在地當下的真實。新一代的詩人比較少執著於過度挖掘自我，而是觀察社會生活，努力發現外在世界，探討的主題從而變得更廣闊了。有時他們會以市井小民為發聲主體，以他們的立場寫詩。杜十三的詩就是一個著名的例子，他的一首詩寫於礦坑災變之後，以罹難礦工

23　《龍族》，9期，1973年7月，頁13。

與其子的口吻陳述。[24] 此一時期台灣都市化擴張，工業化快速發展，詩人們展現的現實主義都是在批評社會的演變，資本主義帶來的不公平，對生活條件的蔑視，以及貧富差距。城市被描寫成非人的場所，傳統價值已經斷喪。相反地，逐漸消失的農村社會被理想化，變成歌頌的對象，吳晟就是一個例子。農村生活催發了新型態的懷鄉，對鄉土，對昔日黃金歲月的懷念。詩人嘗試捕捉那些逐漸消逝的蹤跡。

1975年《草根》詩刊問世，創辦人是羅青。創刊號的草根宣言，看得出詩人試圖在當時的爭論中找到一個兼顧本土與普遍性的回應。《草根》詩刊提出四個原則，本質如下：1. 關心國族命運（此處的認同是指中國、華人的認同）；2. 認同詩歌是人類經驗多元性的呈現；3. 普及性與特殊性都是密不可分的；4. 重視傳統，但不排斥西方。創刊號的宣言最後這麼說：「我們願意把這份精神獻給我們所能擁有的土地：台灣[25]。」

有些評論家認為這是「現代主義與現實主義第一次妥協。」[26] 事實上，《草根》詩刊是第一個嘗試把這些對立分歧的潮流綜合在一起的期刊。不確定這是否只是一個虔敬的期盼，不確定這份期刊是否能在社會話語與個人追尋之間達到平衡。但這或許是最後一個期刊，在改變中依然展現標準的目標，還試圖透過宣言形式的計畫主導現代詩的走向。後來陸續還會出現許多期

---

24 「孩子／我們生命中的色彩／是註定要從黑色的地層下面挖出來的／家裡飯桌上綠色的菜／白色的米／……／都是需要阿爸流汗／從黑色的洞裡挖出來的／今後阿爸不再陪你了／……」，〈煤——記一九八四年七月煤山礦災〉。

25 《中外文學》，10期，12號，台北：1982年5月，頁33。

26 張錯，《千曲之島》，台北：爾雅出版社，1987年，頁35。

刊，但沒有一個期刊有像《草根》詩刊這樣的企圖，試圖從內容、形式和語言捕捉現代詩。

擺脫西方主義，同時擺脫了實驗性特徵，詩不再囚禁在自己的邊緣性。重返中國，邁向讀者，現代詩獲得自己的位置，贏得了認同。詩變成了中文詩的現代形式，就像唐詩、宋詞各自有其時空孕育下的形式。

現代詩越來越能表達這一時期讀者的感受，語言變得更直接，更容易理解，多元性也更能夠被接受。報紙副刊會刊登詩歌，校園也是推廣詩的園地。洛夫就這麼寫道：「詩的概念不斷擴大。現代詩是什麼，我們的回答是，詩就是詩本身，詩就是詩自己，無所謂傳統或現代性，移植還是繼承，真實或是超現實，晦澀或是明朗，主智或是主情。」[27]

八〇年代持續發展並強調七〇年代已經在醞釀的現象，甚至也為日後的發展奠下基礎。至少八〇年代的詩關注真實，探掘暗示的力量，語言更臻於成熟，更具穩定性。詩講求多元、多重性，不再獨傾單一。新舊世代交替，共存共生，相互學習。禁忌逐漸消弭，不論是政治上的禁忌，或是社會或道德。各式論述紛紛湧現，百無禁忌，民眾和權力當局更能包容所有的論述。

城市化與工業化不斷發展，衍生的後遺症也持續發酵：迅速致富、貧富差距加劇，身分定位的不安，不公不義的事件，犯罪率攀升。但此一時期最受人矚目的就是黨外勢力的崛起，對抗國民黨的政治獨大。矛盾的是，黨外的崛起是得力於高雄美麗島事

---

27 《中外文學》，頁18。

件，當時對大多數人民來說，國民黨政體的專制已經不符合時代需求。而且，幾年過後繼之而來的解嚴與改革的推行，都讓台灣邁入民主化的過程。

在一片自由化的聲浪中，在期待自由到來的同時，或者說，在這股力量的驅使下，社會開放已經實現，即便不是整體，至少變得生氣蓬勃，活力充沛，不論思想或民情都可看出這些變化。

文學活動也沒置身事外，以詩文學來說，詩更加能夠貼近感受力，甚至引領運動風潮。[28] 抒情依然屹立不搖，甚至成為詩歌中最受青睞的領域之一。但本文並不特別關注抒情詩，僅稍微提及這一現象：如果說之前的世代嚮往鄭愁予[29]或是余光中那種新古典抒情主義，還是楊牧典故精深也富節奏性的詩，或是羅智成溫柔與諷刺兼具的抒情，反而是席慕蓉的詩在出版上獲得了廣大的迴響，她的詩歌正喚起人類共享共通的情感，因此更容易引起共鳴。

但在同一時期也開始出現一些比較聳動的論述，不論在主題或是書寫上來說。女性主義不甘沉寂，開始標舉女性的特殊性、身體與情慾書寫。性別弱勢族群也開始尋找自己的發聲，詩人陳克華就是一個例子，他的挑釁是雙重的，他的逾越也是雙重的，公開的出櫃，詩的語言也更加赤裸，毫不保留。[30]

---

28 本文後續的段落亦參考了楊佳嫻未公開的研討會發表。

29 長久以來，台灣最為人所知的現代詩就是鄭愁予的〈錯誤〉：「我打江南走過 / 那等在季節裡的容顏如蓮花般開落 / 東風不來，三月的柳絮不飛 / 你的心如小小的寂寞的城 / 恰若青石的街道向晚 / 跫音不響，三月的春帷不揭 / 你底心是小小的窗扉緊掩 / 我達達的馬蹄是美麗的錯誤 / 我不是歸人，是個過客⋯⋯」。

30 例如〈肛交之必要〉：「⋯⋯但是肛門只是虛掩 / 悲哀經常從門縫洩露一如 /

此時台灣積極找回自己的歷史，與中國大陸迥異的一段歷史，也重新盤點自己在地理與文化上的特殊性。台灣詩史不再以1949年大陸來台算起。日治時期這段過往的記憶也重新被挖掘。《風車》詩刊在當時文學發展所扮演的角色又重新受到關注。《風車》詩刊早在二〇年代就已經向台灣讀者引介普魯斯特（Proust）和超現實詩人。此外，也有一些詩人開始以在地語言寫詩，例如閩南語和客語，向陽就是一例。

　　同樣地，詩壇也開始出現一些政治詩，李敏勇就是這一領域的佼佼者。他的詩歌經常以島嶼擬聲，娓娓道來近代史上遭遇的不公平對待。詩中也不乏以國民黨統治下與白色恐怖的受難者為發聲對象，也可以聽見那些被當局遺忘的族群，在地居民和原住民。[31]

　　以前，城市一直總是被視為墮落、非人的場域，隨著海外留學與國際貿易的頻繁，如今城市可說是世界族群大融合之地，對後來的世代而言，即便不曾出國，城市也變成可提供神祕、驚詫、偶遇的地方。在林燿德或羅青的詩歌中，可以發現他們的主題融合了後工業化和與日俱增的資訊科技，以前懷鄉情感轉變成了對環境生態的關懷，重新尋找人與自然的平衡點。

　　在這些國際化的都會中，符號取代了本質，文化的概念不再是傳統自然的定點論，後現代主義成為世紀末的大爭議，揭露出許多變動正在進行。語言遊戲或者純粹諷刺或無厘頭的語言，這

整夜斷斷續續發光的電燈泡／我們合抱又合抱不肯相信做愛的形式已被窮盡……」。

31　參考〈死亡記事〉：「在那位置／已不斷槍決了好幾個死刑犯／他們留下的血淤積著／使土地變成赭紅色／並飢渴地等待著下一次槍決的人的血……」。

些語言都傳達出對語言力量的探詢，質問語言是否能觸及介於象徵界與想像界之間的眞實。現代主義喜歡玩弄文字遊戲，探掘語言的可能性，但依然是信任語言，信任語言的可能性，相信語言能道出眞實，即使是主觀性眞實。後現代主義紀錄了眞實與語言的不合，只透過反諷釀造了文化再現。夏宇將這個經驗推展到極致，做法有點類似美國前衛團體LANGUAGE Poets的模式，讓語言隨機組合，而作者消失了，最後也沒有所謂預設的主題了。[32]

白靈針對七〇至八〇年代的詩歌做考察，歸結出之前之後，戰前與戰後世代的差異。他首先發現，城堡、上帝、十字架、希臘神話元素，遠方或無窮盡的空間，不眞實的他方，逐漸轉變成中國和中國歷史的現實，或是眼睛看得見，必須擁抱的「粗礪的現實[33]」。

詩不在遠方，詩不在想像的國度，詩就在日常生活中，就在我們目光所及之處，就在我們擦身而過之際。詩的目的在於挖掘新奇、驚詫或不尋常的意義和情感地帶。同樣地，詩的語言不再要求任何的神聖化，不再把詩當作一種外於時間，來自神的啟示。鴻鴻主張一種互動詩，他創辦的刊物名稱就叫做《衛生紙》。[34]

除了政治自由化，社會與道德的自由化也逐漸解除了禁忌。不論要寫什麼主題，什麼現實，要用寫實的手法，還是更批判性的手法都可以，自由的風氣已經變得更加全面了。就像所有的文

---

32 參考夏宇的《腹語術》以及詩集後面的訪談。
33 白靈，《新詩二十家》，台北：九歌出版社，1998年，頁13-17。
34 《衛生紙》創刊於2008年，2016年停刊。

學，詩也可以暢談社會哪裡出了問題，甚至也可以批判政治。作家，以詩人爲例，都可以探討他們的生活處境和生活周遭的人事物，控訴社會的失當和不公不義。道德自由化和城市密集化讓人關注到其他的生活模式存在，性別、慾望、情色，這些不只是主題而已，而是通通進到書寫之中。[35]

還有一個非常特殊的元素，這是屬於語言範疇的問題，白靈正好也強調過這一點。以前，我們可以以透過風格來判斷一個詩人，每個詩人也都積極尋找自己的語言。但後來可以看到，每個詩人都可以變換著多種風格，書寫的方式也不限於單一，而是根據所使用的素材，意圖展現與否而有所不同。的確，語言的流動性與多樣性繁複紛呈，前所未見。多元性與繁複性不只是一個被認可、被接受、被重視的社會事實，也可以是個人事實：我變成眾人[36]。但是也必須提到，這些依舊清晰可辨的分界線，或許跟如何看待島嶼的身分有關：台灣是否仍屬於中國的懷抱？或者它應該徹底與中國分道揚鑣？不過這又是另一段故事，不在我們討論的範圍。[37]

（中譯：林德祐）

35　例如夏宇的〈野獸派〉：「二十歲的乳房像兩隻動物在長久的睡眠／之後醒來露出粉紅色的鼻頭／試探著　打哈欠　找東西吃　仍舊／要繼續長大繼續／長大　長／大」。

36　譯註：這句話諧擬法國詩人韓波（Arthur Rimbaud）的名句：「我變成他人」（Je est un autre）。

37　譯註：近期年輕世代透過臉書、IG 等社群平台發表詩歌創作，例如「晚安詩」、「每天爲你讀一首詩」皆引起讀詩風潮，其影響力亦不容小覷。台灣詩如何與網路新世代的生活經驗結合，的確值得關注探析，惟礙於篇幅，本論文不擬將分析文本擴大至網路平台創作。

泡沫之王：
高翊峰作品中的童年與異托邦社群

關首奇

Gwennaël Gaffric

泡沫與太陽花

2014年五月，在台灣太陽花運動爆發約莫一個月後，高翊峰的小說《泡沫戰爭》出版了。

知名台灣作家暨文學評論家陳芳明受邀為小說寫了一篇導讀，認為這本書是台灣2010年代後期公民不服從運動的預／寓言。他是這麼寫的：

> 高翊峰到底要傳達怎樣的資訊？缺水缺電，是我們這個海島的自然性格，能源議題始終是世世代代的共同焦慮。小說特定選擇在孤立的社區發生事件，必然有他的微言大義。如果放大來看，社區的故事就是台灣歷史的縮影。當年輕世代對掌權的成年人感到不滿時，自然會情不自禁萌生奪權的欲望。[⋯⋯] 這是一部小孩擬仿大人的寓言小說，刻意讓成人幼稚化，也使兒童成熟化。高翊峰構思這部小說時，太陽花學運還未發生，反核運動的被驅離事件也未曾出現。讀完小說後，卻驚覺好像預言了即將發生的事件。有些場景，與當

代社會的新聞事件非常雷同，恍惚中，好像經歷了2014年三月至四月的群眾運動[1]。

　　新城是一座孤立的郊外山城，與山腳下鄰近的城市相隔絕。一個由新城社區兒童所組成的孩童兵團發起了一場抵抗運動，反抗無法解決飲用水供應問題的成年人與階級代表（包括管理委員會的主委）。孩童兵團擁有能夠射出致命泡泡的塑膠武器，藉此控制了新城，成了當地的主宰，將大人困在家中，著手建立起一個新的社會模式，首先便推翻掉新城的家族長輩與成人迄今為止所訂定的規則。自此，新城社區的安排皆依循孩童兵團所制定的規範，由自稱首領的少年管理群體生活。

　　《泡沫戰爭》是一本超現實小說，書中出人意料的奇怪場景、景色、人物與生物，讀起來彷彿是威廉・高汀的《蒼蠅王》（Sa Majesté des mouches）的台灣版改寫，而高翊峰把發起這場反抗的小孩首領命名為高丁（威廉・高汀姓氏的中文音譯），更是個完美巧思。

　　事實上，小說中的許多元素與太陽花運動參與者的行動，兩者之間存在著有趣的相似之處，都是既平和又極有組織，讓行動者分成不同小隊各自負責特定的任務。兵團裡的孩子和參與太陽花運動的學生一樣，先是發動攻擊，接著便實際「佔領」了權力象徵的場所（一邊是立法院，另一邊是管委會主委的辦公室）。他們宣稱掌握了社區／社群的命運，控訴應當解決問題的官方負

1　陳芳明，〈未成年的想像共同體──讀高翊峰《泡沫戰爭》〉，收錄於高翊峰《泡沫戰爭》，台北：寶瓶文化，2014年，頁10。

責人懈怠又無能。除此之外，太陽花運動人士與新城的孩童一開始都沒打算要永久掌權，他們只想要在第一時間針對在位者的無能提出暫時的解決方案，確保群體的生活安適。一邊是要捍衛民主進程的運作，另一邊則是要確保居民的供水和安全，防止成群的兇猛野狗在炎夏來新城噴水池喝水時的攻擊。

　　爲本書撰寫導讀的陳芳明在台灣文學史的重要性不言自證。他把在台灣創作的文學（littérature produite à Taïwan）的歷史軌跡與其社會歷史背景串聯起來，撰寫成兩大冊重量級《台灣新文學史》，也以投身左派行動和支持台灣建國（在本質上獨立於中國行政管轄）而爲人所知。此外，他還是在1990與2000年代以「殖民」一詞比喻國民黨對台政治的重要知識份子之一[2]。

　　不過，將此小說與台灣的社會運動兩相連結做對照，無疑顯得有點勉強，需要微調，無論是敘事性質與情節發展，還是高翊峰那些長期鋪墊的主題（不只貫穿了這部小說，並且延續到後來的作品裡）所建構出的文學軌跡。這種將小說視爲預言式寓言的閱讀方式，呼應了《泡沫戰爭》出版時的分類：科幻小說（就如同他第一本以簡體中文出版的小說《幻艙》，在2019年出版時也被歸類在此一分類標籤之下）。然而，這兩部小說本身的政治性，與其說表現在高翊峰對於現實政治符碼的運用和調整，不如說，就像本文試圖挑明的，更表現在如何於日常中令人安心且單一的理性、天性甚至社交途徑之中引發斷裂的方式。

　　然而，《泡沫戰爭》與《幻艙》的故事情節很難以理性或科

2　關於陳芳明，可以閱讀《後殖民台灣──文學史論及其周邊》（新版），台北：麥田出版，2017年。

學的方式來解釋。還有，相較於科幻小說，《泡沫戰爭》或許更接近奇幻文學，或是超現實的荒謬劇。這部小說想探討的問題並非預言，因為敘事者留下的線索（電視動畫、BB call的使用等等）讓人對故事發生的時空背景幾乎毫無懷疑的餘地：應該就是在1980或1990年代。

儘管陳芳明對高翊峰作品的解讀方式帶著明顯的異議人士觀點，這番帶有政治性的閱讀依然有其價值，而且這種閱讀方式會不斷地對社會規範提出疑問並開創社會性（socialité）的新空間。

高翊峰與封閉空間

高翊峰是個難以歸類的作家（這也許能夠解釋為什麼關於他的學術研究在台灣並不多見[3]），他的經歷也頗為令人驚奇：出生於1973年，目前的身分是作家與編劇，曾擔任過多本流行雜誌的主編（其中包括台灣版的FHM），更早以前還曾當過多年的舞者與……調酒師（近期他寫了一本關於威士忌的書[4]，在台

3　弔詭的是，似乎有更多研究提到高翊峰早期的客家語寫作——其文學性與重要性都更低——而非他的小說創作，而我認為後者於其文學創作上更為重要。類似的情況還有短篇小說集《烏鴉燒》和《肉身蛾》，它們都被改編成影視作品，卻甚少引起文學研究者的注意力。筆者認為儘管目前對高翊峰的學術研究極少，仍不可忽視他在台灣當代文壇中的重要性。高翊峰的作品代表著台灣當代文學的一個潮流，混搭「純」文學與文類文學（科幻、奇幻、推理、恐怖），藉此擺脫文學史中的文類規範與定義。這種新的文學趨向也可以在駱以軍、伊格言等人，甚至很「台灣」的香港作家董啟章的作品裡看到。

4　譯註：《恍惚，靜止卻又浮現——威士卡飲者的緩慢一瞬》，台北：聯經出版，2017年。

灣是權威之作）！他寫了三本小說、三本散文集、四本短篇小說集，其中第一本使用客家語的作品《家，這個牢籠》，從書名已經顯示出他對於「封閉社群」（communauté fermée）與家庭破裂主題的興趣。

高翊峰的寫作以扭曲與實驗性質聞名，並非激進，而是類似現代主義作家王文興或是揉雜了如「鄉土」作家王禎和的風格（兩位台灣現代文學語言「操縱」大師），卻顯露出一種後現代與超現實的美學，甚至某種程度上讓人聯想到像是沙特或卡繆那樣的存在主義文學。高翊峰也喜歡在作品中運用獸型人物或生物，讓人不可避免地想起魔幻寫實主義的流派，很少或根本沒有取材於台灣當地的民間傳說（和與他同一輩的作家相反，像是甘耀明，或是吳明益）。

中國研究員劉大先大膽地將喜歡玩倒敘（flashback）、淡出淡入、特寫、長鏡頭和蒙太奇的高翊峰與亞洲的「極端」電影聯繫在一起，如日本導演三池崇史（Takashi Miike）與中田秀夫（Hideo Nakata）或是南韓的朴贊鬱（Park Chan-wook），並強調其文字描摹如同電影的影像敘事視覺效果[5]，對此我是認同的。

此外，高翊峰作品中的超現實主義氛圍還讓人聯想到佛洛伊德的《陌異感》（l'Unheimlich），法文有時候會翻譯成「令人惴惴不安的陌異感」（inquiétante étrangeté），是在即便毋需憂慮的已知或熟悉的事物中，浮現出一種令人感到焦慮、恐懼或是

5　劉大先，〈極端寫作與實驗小說的限度──高翊峰與一種當下文學取向〉，《當代作家評論》，2018年第一期，頁97-104。

不安的感覺，就像突然一道光打在理應繼續躲於陰影中的人事物身上。高翊峰「陌異感的」（unheimlichienne）寫作頂點也許是《幻艙》，在這本小說裡試圖將薩爾瓦多‧達利的畫作融入其文學敘事之中。高翊峰也公開向這位西班牙藝術家致敬，其主角就叫作達利，而且小說呈現的氛圍與諸多主題（天氣、水、性……等等）也讓人聯想到薩爾瓦多‧達利的作品。《幻艙》與《泡沫戰爭》之間，有些關聯不僅詩意，更具主題性，相似的軌跡能被追溯串聯：達利是名記者，有天早上醒來時，發現自己身處下水道的避難室，在一座似乎遭受了不明攻擊的城市地底深處。他不知道是誰、為了什麼把他送來這裡。在這個封閉的空間裡，除了他以外，還有別的人物，他們外表奇異，似乎在此處活了非常之久。這個地方被一股不明且看不見的力量所控制（是生物？軍事組織？還是科學實驗室？），除了（應該是每天？）遞送飲食以外，毫無任何能夠辨識時間的識別標記，好像這個奇怪庇護所裡的「囚犯」是該處管家所供養的貴賓（管家會收到來自一位神祕管理者的命令，但管家本人並不認識他）。所有人似乎都順服並等待著，在等待期間，人物之間的關係會改變，而改變的節奏卻並非依從時間的流逝。《幻艙》之關鍵，也就不在於了解書中人物為何被囚禁於此，或是該如何脫身，而在於是誰、或什麼原因將他們留在此處，亦即他們為何放棄回到地面上的想法。

　　好幾道共同的力線貫穿了《泡沫戰爭》與《幻艙》，不過其中社會結構與書寫所呈現出來的封閉空間貌似重中之重。這個背景主題一再重現於高翊峰幾乎所有的作品之中，包括他目前最新一部小說《2069》（2019年出版）。我們能將《2069》歸類為賽博龐克（cyberpunk），儘管明顯受到超現實主義的影響，高

翅峰在這部作品中呈現出另一種層次的密室，是關於曼迪德特區（Mandead），在一場由地震引起的核災之後完全封閉的地區，這裡聚集了許多從由悠托比亞島（l'île d'Utopia）死裡逃生的倖存者，是由四個國家共同管轄的地方。這本小說充滿各種關於台灣孤立的地緣政治（與本體論）以及香港未來命運的隱喻。然而，除了作品的政治性（無疑是高翅峰作品裡政治性最為外顯的一部），這本小說也再次寫出閉塞的空間與避世的社群。在《2069》亦是如此，物理規則似乎已然崩壞，書中人物被迫要制訂新的規範和別樣的共同生活方式。

上述三本小說呈現出一個共同點，就是都描繪了封閉社群處於受限制與隔離的空間，為衛生邊界、人造圍籬或是天然物質所隔絕。這些空間既是社會泡泡，也自主自治，但脆弱，特別像是《泡沫戰爭》書中所形容的一樣。

此外，我們可以詳細檢視高翅峰作品中不同程度的封閉社群清單，比如在《泡沫戰爭》中，新城被封鎖，入口被（尤其還是人造的）能殺人的泡沫所管制；也比如游泳池，野狗群被困於其中並且被屠殺；或是噴水池裡倒映出（而非連結）的新城社區，村裡的老犬人試圖透過噴水池取回鬼狗叼走的孩童影子；抑或是藍溪對岸窯烤麵包的巫女，她不完全是個孩子，也不完全是個大人，被困在兩種年齡之間。比起空間或場所，高翅峰更願意提到不同大小的「容器」[6]。

在許多方面，高翅峰的文學創作都遵循有關自願封閉

6　高翅峰，自序〈我的模糊〉，收錄於《肉身蛾》，台北：寶瓶文化，2014年，頁6。

（enfermement volontaire）主題小說的悠久傳統，若他提及《幻艙》的靈感來自於閱讀詹姆斯・巴拉德（J. G. Ballard）的《摩天樓》（1975 年），這也並非偶然。我們不可避免地想到另一位寫作封閉故事的日本大師——安部公房（Kobo Abe），他與高翊峰一樣，都是描繪陰森怪誕的密室與人物受困於狹窄容器（比如 1973 年出版的《箱男》）的行家。在兩位作家的書寫當中，我們都可以觀察到角色限制自己生活空間的那種近乎受虐者的傾向。矛盾的感覺於焉浮現：比起活在四周沒有圍牆之處，在這封閉的空間之中，人們似乎更少思考逃亡或自由的問題。在《幻艙》中文版隨後引起的討論裡，高翊峰向駱以軍揭露驅策自己書寫的其中一個原因是曾經在北京生活的經驗，當時他與妻子和兒子同住在一棟公寓，並且與多個家庭共用空間，而每戶人家以自己的節奏自主生活，產生一種使人窒息的封塞感，好像活在一個泡泡裡面，儘管這個泡泡位於全世界最廣大的都會之一裡頭。

高翊峰小說中的另一個重要主題是時間，同樣也受到不同圈禁方式的束縛：無論是新城泡沫轉瞬即逝的天性，或是《幻艙》裡的缺乏時間參照，抑或是《2069》的「數位化」時間。

在《幻艙》裡，手錶壞了，時鐘停了，時間不再是可靠的參照基準。比如，男性角色的時間與女性角色的時間，兩者流逝的方向完全相反（當達利第一次注意到在盥洗室裡的日春小姐時，她完全乾癟的軀體被棄置於浴室裡的一個角落，之後漸漸恢復了肉體與活力）。

《泡沫戰爭》與《幻艙》一樣，時間的呈現依舊讓人聯想到

達利：有彈性的、軟趴趴的[7]……人物的記憶，如同時間本身，流逝散佚且變形，變得模糊且液態化，如同高翊峰筆下人物穿越過諸多流動性質的「地點」（lieux）所表現出來的，不只在這本小說裡，在其他作品裡也有：廁所、酒吧、浴室、游泳池、下水道、玻璃花缸（《幻艙》的人物能在這裡面演化）、水管……等等。高翊峰筆下地點的空間不確定性也與時間的參照有關。中文的特性讓作者能夠營造時間模糊與事件長度的持續曖昧之感：幾天就像是過了幾個月，而幾個月亦猶似只過了一天。

在《泡沫戰爭》裡，新城的孩子彷彿莫名其妙地便與他們從前的人生斷了連結，好像他們的記憶屬於另一個時空。這份特殊性也讓人聯想到《蒼蠅王》書中孩子們明顯的過去的缺席，這在茱莉‧科恩—薩爾門（Julie Cohen-Salmon）對高汀小說的評論中說得很清楚：

> 有些人似乎主動與他們的過去、他們的家庭關係，以及他們可能從回憶裡找到的希望，刻意保持距離。孩子們從未提及與過去斷裂的轉折點，也就是使他們與過去在英國生活隔開的飛機失事。文化符碼的逐漸消亡和重新創造別種符碼，是表現與曾經存在的事物切斷關聯的方式。這些符碼可以是新的、自主的、掙脫了過去歷史束縛的文明符碼。[……][8]

7　達利聲稱自己的藝術直覺來自於愛因斯坦的時間相對論，對愛因斯坦來說，時間並非絕對。為了具體呈現這個觀念，達利經常讓自己作品中的物品由堅硬的型態變得軟趴趴，有時甚至呈現液狀，作為永久持續的過渡。

8　Julie Cohen-Salmon. « L'abolition du passé et le tabou du féminin. Une lecture de *Sa Majesté des mouches* de William Golding », *Cliniques méditerranéennes*, n° 92,

《泡沫戰爭》書中，時間參照模糊、記憶缺失，並且伴隨著成年人的缺席。除了管委會主委的鬼魂（被穿過泡沫的手槍子彈打死）和一個老犬人以外，新城的新世界裡似乎再也見不到成人。親人長輩的不在場與時間混亂有關，從小說的一開始就出現了這個問題。當時新城的孩童在公園裡玩耍，他們穿過一條甬道，而這條甬道像是一個蟲洞，通往新時空的宇宙：

> 但社區遊樂園裡，已經沒有成年人了。另一串小孩，假裝被一隻只剩下單邊翅膀的虎頭蜂，集體趕入可以穿過時光的紅色塑膠甬道。比較大一些的孩童從入口這邊鑽進去，從尾巴出來的時候，卻是另一個比較年幼的孩童[9]。

　　此外，《泡沫戰爭》書中巫女角色的生理特徵表現出不可能順暢地從童年過渡到成年（甚至就連快速過渡也不可能），此種不可能特別與雙親缺席（在書中為死亡）的這個創傷經驗有關[10]：

> 她的高度是孩童的，但五官長相是女人了。她是社區裡唯一陷在孩童與成年之間的女人。身高已經停止長高的她，胸脯

　　2005, pp. 161-172. URL: https://www.cairn.info/revue-cliniques-mediterraneennes-2015-2-page-161.htm

9　高翊峰，《泡沫戰爭》，台北：寶瓶文化，2014年，頁15。法文版由關首奇翻譯，波爾多：Mirobole出版社，2017年，頁8。

10　甚至多個創傷經驗，即使小說中未再提及這些創傷經驗。下方摘錄的段落寫出巫女在住處受侵犯，近乎性侵的描述。

與臀部並沒有停止，一樣熱出成熟女人的肉型。她的父母在很久以前的同一天，同時去世，她的容貌，也在那一刻停下老化。這樣的嘴唇讓幾位社區成年男人都把她拉到活動中心的舞臺幕後，偷偷親咬。直到看見她水汪汪的眼睛，才狠狠警告她不可以跟別人說，要她趕緊先離開。當她爬上馬蹄鐵單槓，垂落的碩果乳房，孩童們又都會默默離開遊樂場，只有幾個還沒有斷奶的大孩子，會捏捏她的乳房問說，會有奶嗎？那時偷偷親她的成年人，大半快速老去，有些會加速老化直到死去。那些默默離開遊樂場的孩童，也都長大成人，能離開的，也都搬離新城社區。留下來的社區住戶，幾乎都遺忘了她的實際年歲[11]。

茱莉‧科恩—薩爾門指出在《蒼蠅王》中，「行動之目的在於保護〔孩子們〕不會感覺受到遺棄與無能為力，而是給予他們能夠掌控當下環境的錯覺。出於同樣的理由，孩子們會拒絕回返到自己的內在現實，因為那裡充斥著各種排拒[12]。」

高翊峰的大部分作品其實是建立在時間線的翻轉與抗拒內在現實，以便以另一種方式在家庭創傷所導致的真實生活裡——永遠只是草草帶過或是懸疑不明——活下來。

11　高翊峰《泡沫戰爭》，台北：寶瓶文化，2014年，頁40-41。法文版由關首奇翻譯，波爾多：Mirobole出版社，2017年，頁46。

12　Julie Cohen-Salmon. « L'abolition du passé et le tabou du féminin. Une lecture de Sa Majesté des mouches de William Golding ».

烏托邦、異托邦，與臨時自治區

　　閱讀高翊峰的作品，除了美學、心理與哲學層面之外，我們似乎還可以對其小說中的空間做出政治解讀，因爲這些封閉的社群，既體現了內在的恐怖和焦慮並且使其具象化，亦對於人類共處的新方式做出了承諾。

　　時間與閉鎖空間這雙重主題讓高翊峰能觸及諸如社會包容與排拒、秩序與失序、健康與瘋狂、威權與異議等問題。在《幻艙》中，他書寫了夢境、瘋狂與性愛；在《泡沫戰爭》中，則處理了遊戲、排拒與暴力。高翊峰筆下的封閉社群都是活在「標準規範」世界之外的領域，而且自我定義的方式也與這套標準有關。從這個角度來看，這些領域是政治實驗室，不是戰爭場域（並不把摧毀規範當作使命），而是偏差異域（揭示何爲規範、何爲顛覆規範）。也許不僅僅是烏托邦，人們對其理解爲趨近完美的理想社會，高翊峰創造了「異托邦」（hétérotopies），也就是「其他空間」（espaces autres），或稱爲「反空間」（contre-espaces）。米歇爾・傅柯認爲異托邦並不是「非地方」（non-lieux），因爲它們代表屬於我們現實的空間，但擁有一種不同的組織方式：這些地方脫離了規範人們習慣的那些社交場所的一般規則。《泡沫戰爭》中「童稚的」社群（communauté « enfantine »）與《幻艙》中生活在下水道避難室裡的人們所組成的社群一樣，都匯集了傅柯提到的異托邦各種原則[13]：

13　Jean-François Staszak, Michel Lussault. « Hétéropie » in Jacques Lévy et Michel Lussault (ed.), *Dictionnaire de la géographie et de l'espace des sociétés*, Paris, Belin,

異托邦在各種文化中都有，樣式各有不同，取決於其為原始社會或是現代社會。

　　同一個異托邦可能隨著時間推移而逐漸改變其運行方式。

　　異托邦可以把許多個在現實空間中彼此不相容的空間，併置於同一個地方。

　　異托邦裡存在著一種異時性，也就是與實際時間的斷裂。換種方式說，當一群人與傳統時序斷絕之後，這些人所創造的異托邦便能發揮出全部的潛力。

　　異托邦能自行打開和自行關閉，這麼做的同時，既使其孤立又使其能被穿透。（傅柯說，通常「人們並非輕而易舉便能進入一個異托邦場址，若非在受迫的情況之下，如同於兵營和監獄，便是必須遵循某些儀式和接受淨化。」[14]）

　　相對於其他的社會空間，異托邦有個作用：因為這些異托邦要不就是幻想的空間，要不就是完美的空間（「總之，異托邦最後一個特徵即為功能性——相對於餘下的那個空間，異托邦所扮演的（批判的）角色，便是創造幻想（illusion）——『創造一個幻想的空間，聲稱真實空間更為虛幻』」。）

　　最明顯的類比則在於《幻艙》書中的避難艙／避難室（asile/ bunker），它體現了傅柯在《古典時代瘋狂史》所論述的避難所的概念。如同傅柯式的避難所，下水道避難室的確符合「偏差的異托邦」（hétérotopie de déviation）的特質：位於城市

　　2003, pp. 452-453.

14　Michel Foucault. « Des espaces autres (conférence au Cercle d'études architecturales, 14 mars 1967)»，*Architecture, Mouvement, Continuité*, n° 5, octobre 1984, pp. 46-49.

之中，但明顯與之不同，匯集了被視爲偏離標準規範的多個主題，但又能夠重新建置社會性（socialité）的一整套新原則。

《泡沫戰爭》書中的孩童兵團在新城製造的泡沫本身建立起了一個反空間，是對代表著「正常」社會的成人世界之無能（不可靠？）所提出的一個政治主張。

然而，相對於《幻艙》書中人物在避難室所經歷的時間沒有期限，《泡沫戰爭》中童稚的異托邦不過曇花一現，最後被一個既具體又帶有隱喻的動作給打碎：城市裡來的一個年輕人對兵營小首領高丁打了一巴掌。年輕人在最後帶來了自來水的消息，這原是整場反抗的起點，最終獲得了市公所審核通過。

新城孩童社群的曇花一現讓我們聯想到另一個「地方」（topos），與傅柯的異托邦有些共同點，很接近赫金．貝伊（Hakim Bey）於1991年出版的《臨時自治區》（*T.A.Z.: The Temporary Autonomous Zone*）書中所引介的觀念，是行動者所渴望的某一具體行動所導致的結果。貝伊將此一行動界定爲「起義」：

> 若歷史是「時間」，正如她所聲稱的那樣，那麼起義就是從時間之中所浮現且自外於時間的時刻，它違背了歷史的「法則」（loi）；若國家是歷史，正如他所聲稱的那般，那麼造反就是被禁止的時刻，是辯證中不可饒恕的否定——像是薩滿法師爬上桅杆然後從屋頂的洞口出來這般在我們的世界裡以「不可能的角度」所進行的操作。歷史說大革命有「永久性」（permanence），或至少持續一段時間，然而起義卻是「暫時的」（temporaire）。從這個方向來看，起義就像是

個「最大化的體驗」，與意識良知的標準或是「一般的」經驗相反。起義就如節慶，不可能是日常的，否則就不是「不一般」的了[15]。

高翊峰筆下的起義所形成的臨時自治區，像是為孩童兵團所創造的，在長期的正常秩序中劈開一道裂痕。此自治區的組織運作則展現出「集團」（bande）的形式，與貝伊反對的核心家庭相反（此處的意思是自治區運作情形更符合水平結構甚於垂直結構）。

不過，在《泡沫戰爭》中，這個應該是水平結構的組織最終卻正因為權力運作而陷入了痛苦折磨。即便不像喬治·歐威爾的《動物農莊》所呈現的對革命經驗的背叛，而是為了呈現暴力如何毫無掩飾地建構社群的「社會水泥牆」（巴拉德《摩天樓》法文版第72頁）：從起初行動（殺死主委）奠基，接著加固（在郊區泳池裡野狗群的集體謀殺），直到最後坍塌（高丁被揮一巴掌）。

暴力、文明、社會

高汀的《蒼蠅王》有時會被當作一本敘述從文明生活（civilisation）轉變至野蠻生活（barbarie）的小說，轉變的節奏

---

15 赫金·貝伊，《臨時自治區》，法文版由 Christine Tréguier 翻譯，1991年出版。網址：http://data0.eklablog.com/ae-editions/perso/bibliotheque%20-%20pdf/hakim%20bey%20-%20taz.pdf

是依據孩童間暴力的浮現與發展進程。但我們也可將本書視爲一種對暴力的想像，想像暴力是文明生活的基礎與決定性的條件，無論是在階級的建立、責任分擔，或是工作分攤。

如同《蒼蠅王》中的島嶼之地（topos insulaire）（這概念經常與烏托邦連結在一起）扮演著實驗場域的角色，對社會生活的本質提出疑問，高翊峰筆下的孤立空間（其中 insula「島」的字源，就是 île「島嶼」）也帶出對於暴力使用所意味的社交（sociabilité）模式的反思。然而，正如諾貝特・艾里亞斯（Norbert Elias）所指出，對暴力進行思考，也就是對能夠讓人類共同和平生活的條件進行反思。換句話說，便是對文明生活（la civilisation）進行思考（艾里亞斯認爲這個過程企圖降低人類之間能接受的暴力程度[16]）。

這部作品的地位在知識的庇蔭之下，艾倫・玫蘭—卡吉曼（Hélène Merlin-Kajman）是這樣描述的：文明（la civilité）「奠基於一前提 [……] ——將人類連結在一起的事物，即是能使所有人都暴露在可能的創傷之下的事物，以及使人能夠克服身爲人因而不可分離的共同威脅—— 也就是語言，這些共同的符號[17]。」艾倫・玫蘭—卡吉曼繼續引用巴利巴爾（Balibar）的話，指出「文明」就如同一道原則，能夠解決「歷史上的『殘酷』和難以相容的暴力（難以相容既因保守的法律，也因令其改

---

16 Norbert Elias. *La civilisation des mœurs,* Calmann-Lévy, Agora, Presses pocket, 1973.

17 Hélène Merlin-Kajman. « Enseigner avec civilité ? Trigger warning et problèmes de partage de la littérature », *Littérarités*, n° 4, URL: http://mouvement-transitions.fr/index.php/litterarite/articles/sommaire-general-de-articles/1535-n-4-h-merlin-kajman-enseigner-avec-civilite-trigger-warning-et-problemes-de-partage-de-la-litterature

頭換面的叛亂）。爲了要打破殘酷所形成的政治僵局，巴利巴爾建議取道文明之路。文明的特點爲運用反暴力的做法，而其中調節調度的行動允許了公共空間的建置，公共空間本身也是政治可能性的條件。文明被巴利巴爾定義爲政治的條件，能用來使暴力遠離極端[18]。」

文學作爲邁向文明的過渡之地？

或許我們可以把《幻艙》甚至《泡沫戰爭》讀作文明的啓蒙（initiation à la civilité）或是童年走向成年的過渡。不過，依我之見，《泡沫戰爭》最成功之處在於寫入了童年的自身社會發展（le devenir social propre à l'enfance）：奇幻（或是《陌異感》*l'unheimlich*）的無所不在，展現了孩童們想像的異托邦如何對童年特有的想像與非理性保持開放。如同達利的畫作或是布勒東的詩作，高翊峰試圖讓事物脫離原本環境進入迷惑新奇的陌生環境，將它們從慣常的意義中剝離出來，賦予它們意想不到的特性。受到閱讀路易斯・卡洛爾的啓發（想必也是高翊峰三部小說創作的參照之一），安德烈・布勒東在《黑色幽默選集》（*l'Anthologie de l'humour noir*）中這麼寫道：

> 對於荒謬的寬容爲人類重新開啓通往住著孩童的神秘國度。童年的遊戲（le jeu de l'enfance）就像是個行動與夢想之間

---

18 *Ibid.*

失敗的調解的手段，是爲了肉體上的滿足感（satisfaction organique），從單純的「文字遊戲」開始，就這樣重新找回地位與尊嚴 [……]。從本質的反抗——孩子永遠在反抗——到試圖形塑，進而透過或多或少強硬限制孩子美妙廣泛的體驗來減弱之[19]。

　　台灣作家王聰威在專欄文章中談《泡沫戰爭》，大膽地將這部作品與比爾・華特森（Bill Watterson）畫的知名漫畫《凱文與霍布斯》（*Calvin et Hobbes*）做了有趣的對比，提到小凱文擁有神力，能夠把自己的房間變化成宇宙、沙漠、山嶺，在裡頭遇見恐龍、外星人，或是自己的複製人，而且他的夥伴絨毛老虎霍布斯總是跟著他。王聰威點出每當有大人（或者是旁人）和凱文與霍布斯在一起時，凱文那個明顯非理性的奇幻世界就消散了：外星人消失、老虎霍布斯不動了，所有的一切都回歸「正常」。王聰威留意到《泡沫戰爭》結尾那位青年收發員的介入，就像是凱文世界裡的外部旁觀者：讓反抗正常秩序模式的組織坍塌[20]。
　　但是在《泡沫戰爭》裡，新的社會連結是從否決大人的社會規範裡頭浮現出來的，而新的連結表現得更爲粗暴、更不開化（policés）（至少和「正常」社會一樣的暴力），它們是否更爲「失序」（déréglés）或是更「不文明」（incivils）？在我們看來，若將《泡沫戰爭》的敘事讀作「不文明」空間被「文明」空

19　André Breton. *Anthologie de l'humour noir*, in *Œuvres complètes, tome II*, Paris, Gallimard, 1992, pp. 962-963.

20　王聰威，〈讓孩童教我們一堂存在哲學——讀高翊峰新作《泡沫戰爭》〉，原文網址：https://www.biosmonthly.com/article/4699, 2014。

間——其中惟有規則（皆由成人建置）是保證——所取代，那就讀錯了。這不多不少，正是孩子們嘗試推動另一種形式的文明，演繹了別樣的「生活方式」（savoir-vivre）。從成人的角度來看，其基礎源自於看似超現實的想像：童年。在《泡沫戰爭》裡，就像在高翊峰的其他作品裡：書中人物從來不會對陌生事物的入侵產生疑問，它們被視為是自然而然並且是現實的一部分。這就是為什麼新城泡沫異托邦的經歷，或是書中孩童的佔領運動，並非渾沌或反烏托邦的經驗，因此不應該用過去新城的生活規則來衡量，而是憑藉其與新城孩子們最重視的世界觀的和諧一致。

誠然，孩童兵團與赫金‧貝伊期望下的無政府主義烏托邦世界距離很遙遠，因為這份佔領運動的經歷雖然撼動了與空間的關係、與時間的關係、與新城居民相異性的關係，然而暴力、物種主義（spécisme）或甚至支配關係都被重現，儘管是以不同的形式呈現。此外，正如貝伊自己承認的：海盜社群（communautés pirates）不接受「有共識的道德標準」。

同樣地，若我們以嚴格觀點檢視孩童兵團的「效率」，便能清楚觀察到半失敗（semi-échec）的狀況：孩子們付出了很多的努力與犧牲，看似解決了郊區供水的問題，小說結尾青年郵差（來自社群外部）的到來，讓泡沫（字面意義與隱喻意義上的）破裂，他告訴高丁說市長在幾個月前就已經通過新城大人要求連接自來水管的申請了，當下便立刻引起人們對於孩童革命理由的質疑。

因此，基於這個意義，我們可以自問異托邦或是《臨時自治區》的過渡性質，在《泡沫戰爭》中化身為孩童兵營：它是不是

一個過渡的時空？其目的是促進社會與社群翻轉走向更理想的形式？或者是著眼於呈現正常秩序必要性的文明社會裡頭的一段小插曲，而且更因此提醒了孩子們「回歸文明」（retour à la civilité）的重要性？在我們看來，還有第三種可能的解釋：在除了一團蒸氣之外什麼都沒有留下便消失之前，海盜的時空（espace-temps pirate）為自身而活，因為就如同貝伊所表明的，稍縱即逝的存在便是它存在的理由，而非它能夠達到什麼結果。

也許該將新城泡沫的實驗與文學實驗做個對照，將之理解為「社會的餘裕」（surplus de socialité）而非「社會的取代」（substitut de socialité），一如艾倫・玫蘭—卡吉曼說的：「一個無用的社會，毫無籌碼，突然有個敏感的連結照亮了我們彼此之間的空間，將我們彼此串聯，別無他法，唯此奇妙的震顫透過一個能帶給人歡愉的物品作為中介傳導擴散出去，並且成功地讓我們，就如同實驗本身那樣的短暫，迅速地擺脫過去的習慣、戰略利益和自身的淡漠[21]。」

同樣的思維，孩童的佔領實驗包括了遊戲空間，便如同溫尼考特（Winnicott）所推斷，這是一個因自身地位與其時間性而不同的空間，而非一個自外於我和世界的空間——「遊戲有自己的地點與時間。它不在界內（au-dedans），無論界內是什麼意思[……]，亦不在界外，也就是說它並非世界被放棄的一部分（那份『非我』），不是被個人決定視為處於界外，且不受神奇力量控制的世界所放棄的一部分。為了要控制在界外的一切，人們會

---

21 Hélène Merlin-Kajman. *Lire dans la gueule du loup*: *Essai sur une zone à défendre, la littérature*, Paris, Gallimard, 2016, p. 267.

做一些事情，而非只是想一想或渴望而已。做一些事情，需要花時間。玩遊戲，就是做事[22]。」

如此，孩子們的遊戲便成了文學自身的套層密藏（la mise en abyme），被理解爲一種分享共同經驗的方式。 艾倫·玫蘭─卡吉曼還說：「文學之特性，比起純粹的美學形式或是文獻歷史，更顯現在於其作用、在於其社會運用、在於單純屬於文學的分享[23]。」《泡沫戰爭》作爲展現了這種分享的一場文學實驗，從文學的這種過渡性質之中，展示出社會化的傳播媒介（vecteur de socialisation）。

若將《泡沫戰爭》這一類的小說視爲從原始暴力廢墟中誕生的社會化故事，那麼這部作品似乎也同時建立了一個逆向的起始（initiation inverse）──成人走向童年時期魔幻又神祕的世界的逆向起點。因此，高翊峰在小說出版時堅稱，爲了形塑自己的小說，自己很仰賴兒子的疑問、觀點和經歷（與他長時間一同生活在缺乏自來水的山城之中），甚至小說創作是爲了理解兒子對世界觀點的一個藉口，這點很值得留意。

事實上，這種做法也與《幻艙》的寫作有所關聯。書中達利的逃亡與他在避難室裡的（自願？）拘留，似乎正是因爲他無法承擔父親角色的責任，以及他無法與自己的兒子說話（儘管他其實有非常多的機會）。

高翊峰甚至讓他的兒子（書籍出版當時才十歲）參與了《泡

22　Donald W. Winnicott. *Jeu et réalité*: *L'espace potentiel*, Paris, Gallimard, 1975, p. 90.

23　Victor Toubert. «"La littérature n'est pas un ensemble de textes mais un type de partage", entretien avec Hélène Merlin-Kajman », TRANS-, n° 22, 2017. URL: http://journals.openedition.org/trans/1689

沫戰爭》的新書宣傳活動。在一篇關於這本小說的父子交叉專訪當中，高於夏是這麼談論他父親的做法：

> 他叫我把社區的每一個東西，以我的角度來看，叫我說出來給他聽，然後他就用那個東西，去寫在裡面。比如說噴水池是一個普通的噴水池，但是我小小的時候，很矮嘛，所以噴水池底下就像一個飛碟，把拔就把它寫進去了。[24]

何重誼（Jean-Yves Heurtebise）與我曾於別處為一個想法辯護過，根據這個想法，近百年來的台灣社會運動提供了存在之必要且具體的異托邦經驗[25]。也許在這一點上，高翊峰的小說與太陽花運動不謀而合：透過文學閱讀，作為異托邦的經驗以及作為實現世代交替的工具。

高翊峰在《泡沫戰爭》裡的所有書寫或許都是為了傳遞小說開頭的對話：

> 如果我們沒有在小孩子的時候死去，就只能慢慢長大。之後，我們就會慢慢變成大人，慢慢地，變成不能解決問題的大人……[26]

---

24 〈專注當父親，認真做小孩：高翊峰、高於夏的《泡沫戰爭》與父子時間〉，BIOS Monthly，2018，網址：https://www.biosmonthly.com/article/9451。

25 Gwennaël Gaffric, Jean-Yves Heurtebise. « Mouvements sociaux et éco-hétérotopies. Une analyse structurale des mouvements sociaux taïwanais entre 2011 et 2014 », *Écologie & politique, vol. 52, no. 1*, 2016, pp. 127-142.

26 高翊峰，《泡沫戰爭》，台北：寶瓶文化，2014年，頁 15。

或許童年的文學異托邦與台灣青年的社會異托邦，能夠在成人的意識形態與冷硬理性所強制規範的直線軌道鋪設之處，指出條條道路更為廣大的可能性。

（中譯：賴亭卉）

參考書目

Bey Hakim. « TAZ, Zone Autonome Temporaire », tr. Christine Tréguier, 1991, URL: http://data0.eklablog.com/ae-editions/perso/bibliotheque%20 -%20pdf/hakim%20bey%20-%20taz.pdf

Breton André. *Anthologie de l'humour noir*, in Œuvres complètes, tome II, Paris, Gallimard, 1992.

Cohen-Salmon Julie. « L'abolition du passé et le tabou du féminin. Une lecture de *Sa Majesté des mouches* de William Golding », *Cliniques méditerranée-nnes*, n° 92, 2005, pp. 161-172. URL: https://www.cairn. info/revue-cliniques-mediterraneennes-2015-2-page-161.htm

Elias Norbert. *La civilisation des mœurs*, tr. Pierre Kamnitzer, Paris, Calmann-Lévy, 1973.

Foucault Michel. « Des espaces autres (conférence au Cercle d'études architecturales, 14 mars 1967)», *Architecture, Mouvement, Continuité*, n° 5, octobre 1984, pp. 46-49.

Gaffric Gwennaël, Heurtebise Jean-Yves. « Mouvements sociaux et éco-hétérotopies. Une analyse structurale des mouvements sociaux taïwanais entre 2011 et 2014», *Écologie & politique, vol. 52, no. 1*, 2016, pp. 127-142.

Golding William. *Sa Majesté des mouches*, tr. Lola Tranec, Paris, Gallimard, coll. « Folio », 2012.

Hélène Merlin-Kajman. « Enseigner avec civilité? Trigger warning et problèmes de partage de la littérature », *Littérarités*, n° 4, URL: http:// mouvement-transitions.fr/index.php/litterarite/articles/sommaire-general-de-articles/1535-n-4-h-merlin-kajman-enseigner-avec-civilite-trigger-warning-et-problemes-de-partage-de-la-litterature

Hélène Merlin-Kajman. *Lire dans la gueule du loup. Essai sur une zone à défendre : la littérature*, Paris, Gallimard, 2016.

Staszak Jean-François, Lussault Michel. « Hétéropie », in Jacques Lévy et Michel Lussault (ed.), *Dictionnaire de la géographie et de l'espace des sociétés*, Paris, Belin, 2003, pp. 452-453.

Victor Toubert. «"La littérature n'est pas un ensemble de textes mais un type de partage", entretien avec Hélène Merlin-Kajman », *TRANS-*, n° 22, 2017, URL: http://journals.openedition.org/trans/1689

Donald W. Winnicott, *Jeu et réalité. L'espace potentiel*, Paris, Gallimard, 1975.

陳芳明，〈未成年的想像共同體──讀高翊峰《泡沫戰爭》〉，《泡沫戰爭》導讀，台北：寶瓶文化，2014年，頁9-13。

陳芳明，《後殖民台灣──文學史論及其周邊》，台北：麥田，2017年。

高翊峰，《2069》，台北：新經典，2019年。

高翊峰，《幻艙》，台北：寶瓶文化，2009年。

高翊峰，《泡沫戰爭》，台北：寶瓶文化，2014年。

高翊峰，《泡沫戰爭》法文版 *La Guerre des bulles*（Gwennaël Gaffric 翻譯），波爾多：Mirobole 出版社，2017年。

高翊峰，〈我的模糊〉，《肉身蛾》自序，台北：寶瓶文化，2014年。

劉大先，〈極端寫作與實驗小說的限度──高翊峰與一種當下文學取向〉，收錄於《當代作家評論》2008年第一期，頁97-104。

王聰威，〈讓孩童教我們一堂存在哲學──讀高翊峰新作《泡沫戰爭》〉，2014年於 BIOS Monthly，文章網址：https://www.biosmonthly.com/article/4699。

Bios Monthly，〈專注當父親，認真做小孩：高翊峰、高於夏的《泡沫戰爭》與父子時間〉，BIOS Monthly，2018，網址：https://www.biosmonthly.com/article/9451。

社會運動與文學：
文明性形式更迭的展現與
2014年台灣太陽花運動

何重誼 Jean-Yves Heurtebise、林韋君

　　本論文之目的在於透過德勒茲論文學以及傅柯談文明性，以評述艾倫・玫蘭—卡吉曼（Helene Merlin-Kajman）所建立的文學與文明性論述，並以台灣當代社會中社會運動與創新書寫（歌曲、標語等）的關係爲例說明之。

　　在本研究中，我們將嘗試以哈貝馬斯（Habermas）及艾里亞斯（Nobert Elias）的論述推想文明性（civilité）的概念，儘管兩人論述並非全然一致，亦非完全對立。接著，我們將探討傅柯和列斐伏爾（Henri Lefebvre）提出的異托邦概念，以及德勒茲（Gilles Deleuze）將文學視爲書寫（écriture）亦即能激發強烈情感、影響未來的表達方式，看看這樣的理論如何能將文明性詮釋爲一種反抗形式。我們亦將研究台灣社會運動「非文明性」（incivilité）的一面，嘗試將台灣社會運動解讀成一種以異托邦概念看待世界的書寫方式（écriture）。

　　本文分爲三部分，首先就艾倫・玫蘭—卡吉曼針對巴特（Roland Barthes）所提出「語言是法西斯主義」的分析加以討

論，接著根據艾里亞斯的論述重新定義文明性的概念，最後以台灣社會運動為例，分析在民主體制中文學之於文明的關係，可將台灣社會運動視為在新型態的生態文明性（或公民性）建構框架下，語言與政治的異托邦。

文學與文明之間的論戰起源於兩相對立的主張：一方面所謂左派知識份子如羅蘭巴特主張語言與權力，話語與臣服於命令句之間具有不可分割的關係。我們首先回到艾倫・玫蘭—卡吉曼引用羅蘭巴特作為其書名（《語言是法西斯主義？》）的詞句：「語言，易言之，是法西斯；因為法西斯主義並非禁止說話，而是強迫說話」[1]。

首先，我們注意到語言如法西斯主義原來是無涉政治的（a-politique），這種語言的法西斯主義超越右派保守反動或左派進步的概念，而希望將兩者結合。將問題以政治立場一分為二，其實是有必要避免的僵局和陷阱。「語言是法西斯」這句話又該如何解釋呢？

我們首先需要了解法西斯的語言定義在於試圖去除自身的政治化，與普通人常將語言與政治連結的想法不同，也就是語言本身的法西斯主義其實超然於實質政治上的「右派與反動（保守）」或「左派與進步」。將問題以政治立場一分為二的做法，其實是應該要避免的僵局和陷阱。語言是法西斯到底是什麼意思呢？首先要區分用語（langage）和語言（langue）。用語是指人類特有的溝通能力；語言是人們制定的特定民族語。用語對巴特

1　Roland Barthes. *Leçon*, Paris, Seuil, 1978, p. 14.

96　台灣文明進程的落實

而言就是人生存的眞實環境：「用語對人而言是一個眞正的生物性環境，在其中生活，被其所圍繞」[2]。然而語言作爲特定民族語必須有制度上的整體性，將語法經過編碼與形式化才能成爲國家民族的語言：「語言同時是一種社會制度，也是一種價值體系」，由此可推論，若人以政治動物的身分，也就是說身爲文明動物（animal civilisé），在以用語爲媒介的人際相處中變得具有文明涵養；個人在使用語言時面對與「適切使用」相關的編碼與規則、文法規定和形式的整體考量，而「適切使用」的要求迫使他必須進行再造（re-produire），才能夠表達和被人聽見。也就是在這層意義上巴特表示：「語言是一種約制，是一種受到限制的抽象實體」[3]。因而比起受到規範的部分（修辭規則），語言更容易因其所非說不可的（主題）確立自身[4]，因此問題不在於准許或限制去表達，而是關於在結構上就實際說話的情況，已受到約制的問題。

　　此論點並非僅巴特提出，我們也能在傅柯認識論的觀點中看到。我們時常想到將傅柯及哈貝瑪斯相對而論，對傅柯而言論述對於現實掌控的力量，目的也就在於取得權力[5]，反之，對哈貝瑪斯而言，話語則像是標準化的協商力量，以建立一個文明性[6]

2　Roland Barthes. *Le Neutre, Cours au collège de France, 1977-1978*, Paris, Seuil, 2002, pp. 122-123.

3　Roland Barthes. *Système de la Mode*, Paris, Seuil, 1967, p. 28.

4　Roland Barthes. *Sade, Fourier, Loyola*, Paris, Seuil, 1971, p. 130.

5　Michel Foucault. *L'ordre du discours*, Paris, Gallimard, 1970, p. 12 : « le discours n'est pas simplement ce qui traduit les luttes ou les systèmes de domination, mais ce pour quoi, ce par quoi on lutte, le pouvoir dont on cherche à s'emparer ».

6　K.M. Baker. « Defining the Public Sphere in Eighteenth century France: Variations on

的公共共有空間。事實上，哈貝瑪斯的論述策略，遠非暫緩權力與用語的關係，而是導向支配機制的合法化。（稍後我們將透過艾里亞斯的部分來討論。）[7]

此外，對巴特而言，語言具有約制性的假設本身並無可議之處，而是一種結構的需求，一個負載意義的陳述句本身具備的條件：「意義之生成受到某些約制；但是約制並不會限制意義，反而是建構意義，全然自由或毫無自由的狀況下都不可能產生意義：意義的體系是一種受控制之下的自由體制。其實我們越深入探究語義結構，就越能發現最能定義這結構的是限制，而不是自由」[8]。

然而真正的問題卻是在另一層面上：不在於用語作為人類表述能力；也不在於一個國家語言中形式化的規則（發音和文法）以及無形的標準（社會及象徵）；而是在話語（parole）的問題，也就是說個人的語言使用問題，其作為書寫形式的特徵不是立即對話的說話功能，而是在文學書寫中默默建立個人與文本的關係。其實，話語終止了包含在語言行為當中的命令句（Mot d'ordre）：說話是執行命令或命令執行前的狀態──說話的主體如同處於一千零一夜講述故事的王后雪赫拉莎德的狀態，她得

---

a theme by Habermas ». In C. Calhoun, ed. *Habermas and the Public Sphere,* Cambridge: MIT Press, 1992, p. 183 : « the emergence of a normative ideal of rational public discussion from within the distinctive social formation of bourgeois civil society ».

7   Hugh W. Baxter. "Habermas's Sociological and Normative Theory of Law and Democracy: A Reply to Wirts, Flynn, and Zurn", *Philosophy and Social Criticism* 40 (2), 2014, pp. 225-234.

8   Roland Barthes. *Système de la Mode*, Paris, Seuil, 1967, p. 168.

繼續講故事才得以活命。如果語言是受限的，話語終結限制，而文學將此暫停銘刻於共同的記憶之中。

　　如果語言是人為的、所以是社會的，或者是社會的、所以是人為的，如果語言是國家的和法西斯的，話語轉變為文學書寫，成為語言中再次擁有各種可能性用語的動力：「作家就是不讓語言有責任必須為他說話的人，而是認識並感受到慣用語的不足而烏托邦式地想像一種全能的語言，其中毫無責任義務」[9]。若巴特談到一種完全語言（langue totale）的烏托邦，我們在此則就異托邦的概念加以發揮，將文學定義為社會語言的異托邦生產動力。正同德勒茲所說的，成為作家，就是要在語言中創造另一種語言：「普魯斯特的看法更能清楚描述文學對語言帶來的影響：他認為，文學在語言中恰巧生成如同一門近似外語的語言，並非另一種語言，也不是重拾的方言，而是語言未來可能變成的樣貌，如同強勢語言的分支，是讓語言本身無法自制的狂熱，也是從主流世界逃脫的魔術師路線」[10]。

　　我們在此以文學具有創造及爆發力的觀點（此觀點與將文學視為正統且能促進社會化力量的觀點不同），來探討文學與社會的關聯，並針對文明性概念進行社會及歷史分析。

　　在分析用語及權力的關係後，我們便能在第三部分思考社會運動及「口號」之間的關聯，再次討論艾里亞斯所闡述的文明性概念，以在此區分出主體的形成、心理社會的特性以及哈貝瑪斯特別主張的「文明社會」概念。

9　Roland Barthes. *Sollers écrivain*, Paris, Seuil, 1979, p. 39.

10　Gilles Deleuze. *Critique et Clinique*, Paris, Editions de Minuit, 1993, p. 15.

在此定義下，文學與文明性的關係為何呢？

為了瞭解兩者間的關聯，我們可以參照艾里亞斯針對此主題撰寫的兩部主要作品，以較為嚴謹的方式來定義文明（civilité）一詞。

在《文明進程》（*La Civilisation des mœurs*）一書中，艾里亞斯指出一般而言，「文明的概念」與多重背景相關：技術的演變、禮儀規則、科學知識的發展、宗教的觀念和運用[11]。因此文明的概念自文明性發展而來，於義大利文藝復興時期形成，後來在法國演變為特定政治制度的核心：例如皇家宮廷。Civilité 的意思來自於見證了騎士社會與天主教教會單位分裂時代的西方社會……文明性（Civilité）的概念是現實社會的表達方式，包括了各種國籍、以一種共通的語言表現，首先是義大利文，再來法文成為了更為通用的語言。兩種語言展現出以新的社會基礎所產生的歐洲整體以及一種新的社會現實，也就是構成了重要的結構，也就是宮廷社會。 [……] 在 1525 年和 1540 年間，文明性一詞已具備了我們在此賦予它的意思和功能[12]。

人們重新意識到必須改變社會態度，才能使人變得更文明，伊拉斯莫斯（Erasme）的著作《兒童文明》（*De Civlitate morum puerilium*）就是這項新認知的象徵。「Civilité 一詞體現這種新的意識，而人與人之間的社交法文稱為 « courtoisie »（謙恭、禮貌），英語則為 courtesy……這些詞彙顯示出……其源自社

11　Norbert Elias. *La Civilisation des mœurs*, Paris, Calmann-Levy, 1973 (2002), p. 11.

12　*Ibid.*, p. 114.

會……毫無例外地涉及宮廷中所採用的社交禮儀」[13]。這詞也定義出風俗習慣日漸演進的過程（正如艾里亞斯所指出的在飲食、睡覺、洗澡、發動戰爭等各個層面）：「文明性一詞標示……歐洲社會走向一種文明化行為，向禮節、習慣、情感反應的規範邁進，對我們而言即進入到我們耳熟能詳的『文明』化社會」[14]。

文明因而就是以文明性的程度來定義的，文明性被理解為將外在社會禁令，以一種自我控制衝動的機制內化的表現：「社會的認可強化了這些禁令，再以自我約束的形式加諸於個人身上，內在衝動的表現必定受到壓抑；緊緊守住衝動的羞恥心已如此融入習慣中，讓人即使一個人的時候都忍不住要遵守……」[15]。

這個壓抑衝動的概念與佛洛伊德在1930年出版的《文明及其不滿》（*Malaise dans la civilisation*）相似，而艾里亞斯身為歷史與社會學家的獨創性就在於想要賦予衝動一種歷史和社會起源的解釋，如同個人對自我儀態的管理能力，正呼應了亨利四世以來法國君主政體所建立的中央集權國家制度。至少這是艾里亞斯在其著作《宮廷社會》（*La Société de cour*）中所提出的假設：「宮廷人士於自我約束的基礎上建立典型的文明性，形成自主行為，也是在他們自己眼中宮廷貴族得以與其他人區分、成為菁英的特徵」[16]。

艾里亞斯明確指出自我約束的文明性（civilité）定義與法國古典主義文學的關係。「宮廷生活中的競爭迫使身為宮廷一份子

13　*Ibid.*, p. 134.

14　*Ibid.*, p. 178.

15　*Ibid.*, p. 417.

16　Norbert Elias. *La Société de cour*, Paris, Flammarion, 1985, pp. 272-273.

的人們，在自我與他人的關係中，控制熱情、強制自我，拿捏行為分寸與細微差異⋯⋯我們所稱的古典主義藝術風格也源自相同的精神」[17]。

在我們看來，艾里亞斯文明性概念有趣之處在於，其與哈貝瑪斯提出公民社會的文明性不同，能讓人再次了解文明即為暴力的起源：沒有什麼比文明的定義更為暴力和專斷的，因為想要定義出適用於所有時間，所有地點及所有人身上的文明性，大概沒有比這種企圖更具有文化意義上的霸權了。相反地，重新檢討作為準則性概念的文明性，總會涉及一種「革命」的啟動程序，也就是必須重新檢討社會關係本身。因此，這便是本文在此提出的假設，而這必須同時透過重新定義「文學性」：社會層面中的「公民的」一直都與用語及文學層面中某種「可言喻」的概念息息相關。然而，如果語言上的文明性（civilité）與適切使用的原則相關，又如果妥善使用語言與遵守宮廷規範不可分割，那麼宮廷社會規範的解體便會導致語言與擬真、禮節間的關係解體，而顯然這可成為合乎邏輯的推論：因大部分的當代文學便是見證和起源於此一雙重分裂的狀況。文明性扮演連結性的角色，預示了既有社會語言關係的持續分解情形，以及經歷社會或新文學運動後，社會及語言關係的重建歷程。

被邊緣化的作家，也就是說非正統或者前衛的作家，在今天或許已失去了光環。如果福樓拜生在今日（他曾在《書信》集中表示「要用胡言亂語嚇壞中產階級」的論調，遭致作品被查

17　Norbert Elias. *La Société de cour*, *op. cit.*, pp. 107-109.

禁），他充滿挑釁的說法及被抹煞的叛逆意圖極有可能無法產生任何效應了。叛逆已成為今日世界的新準則，而重要作家的革新企圖不再具有轉變社會及政治準則的影響力。現代作家其實處於政治和文化的小眾處境中：作家的聲音已不再具真理價值，這時代的人相信智者才會說真話，且受資本論或是經濟成就所主宰。現代文學作者過度極端的表現，可以同時由兩種情況來理解，他們自知沒人想聽他們表達和即使有人想聽，他們也必須面對一群敏感度被媒體每日所傳播的犯罪、災難、戰爭、屠殺故事所削弱的讀者。這並不表示文學只是為藝術而藝術，也不是文學成為形式遊戲，而是表示現代作家試圖透過文本創造出一種新的存在形式，不再是建立於古典的表象或浪漫的自我陶醉的基礎上，而是表達如實面對現實之時的慌亂和抵抗。

從這觀點來看，浪漫主義派作家作品中展現的「不文明狀態」（« l'incivilité »）與受詛咒的作家（écrivains maudits）有關，這些作家即將創造現代文學和社會運動的「不文明狀態」，也將破壞極權主義宮廷社會的特權，以產生民主體制。

為求理解，正如大衛・夏克（David C. Schak）[18] 在分析台灣和中國文明性時所提到的，必須先別搞混「文明性」和「公民社會」（société civile）這兩項概念，然而沙克也不免指責韋勒（Weller）[19] 著作中的混淆，其對文明性的定義，相較於艾里亞斯，顯得更接近哈貝瑪斯的看法：「我認為，只有哈貝瑪斯在公

---

18 David C. Schak. *Civility and its Development: The Experiences of China and Taiwan*, Hong-Kong, Hong-Kong University Press, p. 6.

19 Robert Paul Weller. *Alternate Civilities: Democracy and Culture in China and Taiwan*, London, Routledge, 1999.

共領領域所描述的『公眾』存在時，文明性才能廣泛存在。這裡的『公眾』是指一群人意識到其共同利益而爲之採取行動。[……]『公眾』還意味存在著一個向所有人開放的領域、空間或設施，而不僅僅限於宮廷或特定親屬團體成員而已」[20]。

我們必須區分艾里亞斯與哈貝瑪斯所提出的文明性概念，前者將其當成在貴族階級社會中自我控制情感的方式，後者則是指在一個開放而共同的團體中將公眾看法的內化。然而並不表示兩種文明性的意義相互排斥。重點是要能掌握兩者不同的概念，即巴貝瑪斯強調文明性的公共面向與促進社會和諧功能此一現象學概念，而艾里亞斯主張人類歷史學的文明性概念，後者得以修復潛藏的社會政治暴力。

然而，自此，困難之處是關於概念如何運用在台灣及其民主化過程。事實上，夏克的論述（所以是受哈貝瑪斯影響）主張台灣的文明性於台灣民主化之後才出現，或是引用艾里亞斯的論述，文明性爲古典時期及文藝復興時期的產物，難以同樣用來解釋台灣文明性的發展情形。夏克對文明性和台灣民主化相互連結的看法乃基於哈貝瑪斯的概念，在我們看來卻顯示了理論上的弱點：如何將一個自十七世紀以來深受中國和儒家文化影響的民族，宣稱爲不文明？此外，我們也發現這樣的立場相當民族中心論，用的是十九世紀末歐洲社會文明性的標準來檢視其他民族的文明性及其治理方式。如果我們從艾里亞斯的立場出發便會發現，文明性與民主化必然的結構關聯。民主化僅爲一種新型文明

20　David C. Schak. *Civility and its Development: The Experiences of China and Taiwan, op. cit.,* p. 16.

性的社會政治的框架，而非不可或缺的表述條件——這也正基於此文明性與公民社會有所不同。如此，便產生一個問題：如何透過艾氏理論的內部機制來理解民主現象？

因此，我們的理論建議即在艾氏概念性架構中，思考民主時代之文明性（相較於哈貝瑪斯及大部分學者參考哈氏理論的現況之下）。這其實是一種複雜的操作，而兩者關係複雜的原因在於，作為政治制度的民主，同時意味著古典文明性的延伸與顛覆。這表示艾里亞斯的論點對於理解民主與文明性間非常複雜的關係並非毫無助益。

一方面，現代性表謂著文明性不僅只存在於社會菁英階級。由於強大的國家結構影響，文明性已成為一種生活規範，具有合法化暴力的專利：「隨著個人與團體互動上社會結構的分化，心理上的自我控制之社會性機制也同時朝向分化、普遍化和更強大的穩定性發展……。心理自我約束機制的特殊穩定性構成文明人習慣的標準特徵，與心理制約的壟斷和中央社會組織的日漸穩固息息相關」[21]。

另一方面，隨著資本工業社會的來臨，自我控管的機制不再像宮廷社會時代需要遵循別人的目光而運作，而是因為有求職[22]的需求——因此文明性（civilité）區隔的（是指自我控制和鬆懈或放任）不是宮廷生活和在自家宮殿的生活，而是工作的生活型態和工作之外、在家、酒吧或是度假中的生活型態。古典的文明

21　Norbert Elias. *La Dynamique de l'Occident*, Paris, Calmann-Levy, 1975 (2002), pp. 193-194.

22　Norbert Elias. *La Civilisation des mœurs*, *op. cit.*, p. 326.

性暗示著一種只有貴族才知道如何掌握的生活典範；現代文明性（civilité或自此可轉譯爲「公民性」）則意味著一種中產階級期盼被所有人接受的生活模式──包括被那些並非與中產階級擁有相同社經地位的人所接受的生活模式。

文明性的延伸跨過了以宮廷社會和適切使用語言爲基礎的社會政治層面障礙，並促使文明性在社會和文學領域中有了雙重突破：當雨果表示他「爲老字典戴上一頂紅色便帽」[23] 時，意即他結合了語言層次上的型式創新（創造新的文學語言）及社會層面上的政治創造（參照了1789年法國大革命時期民衆配戴的軟帽），使兩者在未來休戚與共。由此可知，語言與權力的關係被鬆綁了，但不是在正統文明性發展的狀態中發生的現象，而是經由建構足以改變語言及社會的角力關係，而導致了兩者關係的鬆綁，如同我們將在某次台灣社會運動的案例中看到的那樣。

因此，作爲結論，我們將透過當代社會運動的例子，尤其援引台灣2014年的太陽花運動[24]，來討論語言與政治、文明性／公民性（civilité）與民主的問題。

2014年春天台灣發生了所謂太陽花運動，反對政府強行通

---

23 Victor Hugo. *L'œuvre de Victor Hugo: Poésie. Prose. Théâtre.Les Contemplations*, Paris, Delagrave, 1946, p. 445：「[……] 在學院上空，祖母和遺孀，在其裙下隱藏著害怕的比喻，在有如亞歷山大詩格律一般精密的方陣戰役中，我吹起了革命風。我在舊字典上戴上了紅帽子。沒有參議員的詞彙！沒有更普通的詞！我在墨水瓶的底部掀起風暴，我混雜在漫溢的陰影中，在黑色的文字和大批白色的思想；而我說：沒有文字無法表達思想的飛翔，思想就如同蔚藍天空中的羽翼 [……]」。

24 Jean-Yves Heurtebise, Gwennaël Gaffric. *Mouvements sociaux et éco-hétérotopies : une analyse structurale des mouvements sociaux taiwanais entre 2011 et 2014*, *Ecologie et Politique, n° 52*, 2016, pp. 127-142.

過中華人民共和國與中華民國間訂定《海峽兩岸服務貿易協議》的抗議活動，引發數百名人士抗議，其中大多數為大學生——他們佔領立法院（台灣國會）將近585小時。抗議者反對的是貿易協定或反對台灣政府對協定的處理方式，而非完全跟中國斷絕關係。不過，他們極力訴求保有目前的生活型態和台灣歷史基礎上已獲得的民主自由。

那麼行文至此與文學的關係為何？如果正如艾倫‧玫蘭—卡吉曼所言，文學是一個需要捍衛的領域，那是因為文學在語言中創造出另一個語言的地盤（zone à défendre），偉大的作家在語言中創造語言，就像生態社會學的異托邦在社會中創造另一個社會。完全屬於文學或異托邦中的文明性是一種自我檢視的文明性，並不對應於自動化（autonomisme），反而是指自主自治（autonomie）——不論哪方面而言，都是要反對自身或世上稍縱即逝的消費主義，使「自己」永續生存，其中文學構成內部，社會的異托邦則形塑外部。

傅柯的異托邦一詞指的是另一幽暗面的空間，被一般的生活空間所掩蓋（例如監獄和密閉的房子相對於房子和辦公室）[25]；列斐伏爾的異托邦則是指一種實踐的異托邦[26]，一種社會及政治交替的時間和空間變形[27]。我們在此傾向運用列斐伏爾的異托邦

25　Michel Foucault. « Des espaces autres (conférence au Cercle d'études architecturales, 14 mars 1967)», *Architecture, Mouvement, Continuité, n° 5*, octobre 1984, p. 47.

26　Henri Lefebvre. « La production de l'espace », *L'Homme et la société*, 1974, n° 32. pp. 15-32.

27　David Harvey. *Géographie de la domination*, trad. de l'anglais (USA) par Nicolas Vieillescazes, Paris, Les Prairies Ordinaires, 2008 (2001), p. 43: 根據Lefevre的說法，革命運動的理論明顯相反（革命前夕）：自發性的集結，迥然不同的異托邦

意義來解析。我們透過文明性的概念，將社會運動及書寫連結在一起，試圖要強調其異托邦的力量，而不僅僅是其規範：當「共同性」的規範被佔據，文明性就會顯得不文明，必須要避免這種「野蠻」的佔據，使可用空間歸還於其他用途。

若視異托邦為文明性的載體，第一層意思是因為其建立了一個如同公共資產需要捍衛的領域；如果異托邦是文明性的載體，以艾里亞斯的觀點來說，是因為自我控制的機制受到改造了，不再是指整個社會而是指需要捍衛的空間；不是透過再現方式將外在社會約束的無意識內化，而是透過互動，新的條件情勢所產生的有意識接受。從此，文明性不再是那個受到浪漫派批評的、帶有膚淺禮貌的「道德表象」，而是道德風俗和文化的轉變。所以同樣地，作家創新超越自我的作品，顯現出侷限在一國語言內屬於語言自身的各種可能性，異托邦的異議之士重新分配疆土，不再是私人優先的領土而是共同的領域，進而將政府進行中的計畫懸置以仔細評估其完整的具體內容。

在此加乘的異托邦框架下，我們應可分析太陽花運動作為例證。這個作為學生發起的一個政治社會運動，爾後演變為整個年輕世代的社會運動。所謂的「草莓」[28] 世代（此世代的稱號源於其被認為抗壓性低），生在民主社會中，從未經歷國民黨政府在

式團體在某個蜂擁而入的時刻，即使是短暫的片刻，突然隱約看見，集體行動與創作出截然不同事物的可能。

28 草莓世代原指1961年後出生的世代，後指1981年之後出生者，然而草莓世代脆弱的形象在抗議中國海峽兩岸關係協會會長陳雲林訪台的野草莓運動中受到顛覆，在太陽花運動中抗議者更是表現出理性和堅定的態度。https://www.nouvelobs.com/galeries-photos/monde/20160122.OBS3229/grand-format-a-taiwan-la-generation-tournesols-se-revolte-contre-pekin.html

1947年至1987年施行的戒嚴年代，卻自發動員參加太陽花運動。年輕人展現高度自主管理和實踐自律[29]；靜坐但避免擋道，強調必須推動「一場有禮節守秩序的抗爭」[30]。太陽花運動展現高度的自主管理，是靜坐抗議有禮節守秩序的抗爭。然而，儘管學生的抗爭有禮守紀律，卻仍無法動搖政府的決定。接下來雙方產生衝突，抗議者攻佔立法院，意圖闖入行政院，被警方強制驅離。

接著，面對公眾領域的現實混亂與抵抗之時，抗議人士應著述說的需求，創作出無數的文本，由此創造出新的語言與政治創造，有的文本自我檢視、直接思考抗爭的價值和意義。太陽花運動中，有份名為《我控訴》的中文戰報令人想起1898年左拉於「德雷福斯事件」時期刊載於報紙頭條的一封信。這份傳單由台灣的一個新興黨派「基進側翼」所製作，黨派成員多曾留學歐洲，因此對左拉的文章有所瞭解。「基進側翼」提倡三大目標，政治民主化（反殖民）、主權自主化（反帝國主義）、社會自由化（反剝削）。多名成員運用所習得之西方文明知識或文化理論分析台灣的現狀與未來，盡力試圖建立起當代台灣文明性，並引入新興詞語，生產出與以往有別的政治論述。其重點在於指出，國民黨主政的戒嚴時期也就如同日本當年佔領福爾摩沙一樣：兩大統治台灣的勢力禁止本地及地方語言（原住民、台語或客家話），強迫使用唯一標準的政治語言，愛國的新儒學語言，也就

---

29 https://www.bbc.com/zhongwen/trad/taiwan_letters/2014/04/140417_twletter_sunflowermovement

30 One More Story（公民聲音團隊），*A l'époque, j'étais là*《那時我在：公民聲音318-410》, Edition l'illimité（無限出版），2014.

是普通話[31]。

這份戰報中的四篇文章爲〈向靜坐的超級英雄說再見〉（SK）、〈豬一樣的隊友？爲佔領行政院讚聲！〉（格瓦推）、〈恐中 vs. 恐正常〉（佛國橋）、〈不只學生，是年輕世代的奮起〉（新一），四位作者分別討論了抗爭中使用暴力的必要、佔領立法院的重要性、青年之無法信任中國、以及年輕世代奮起動員的原因[32]。

有些作品則是抗爭書寫中特別具有文學性的，還有詩的創作，作者寫下抗爭中處於臨界點邊緣的情感與緊張，一位學生寫了一首「【媽媽請不要擔心】[33] 0321凌晨零點二十三分的詩」，

31 Vladimir Stolojan-filipesco. « D'une assimilation à l'autre: la transition des politiques éducatives japonaises à celles de la République de Chine à Taïwan dans l'après-guerre », *Monde Chinois Nouvelle Asie*, 2019/2, n° 58, pp. 42-52.

32 http://clique2008.blogspot.com/2014/03/jaccuse-01-01-vs.html

33 https://matters.news/@fresh64/%E5%AA%BD%E5%AA%BD%E8%AB%8B%E4%B8%8D%E8%A6%81%E6%93%94%E5%BF%83-0321%E5%87%8C%E6%99%A8%E9%9B%B6%E9%BB%9E%E4%BA%8C%E5%8D%81%E4%B8%89

其他兩位知名的作家也撰文支持學運，詩人向陽寫下「今晚，請為他們祈禱：聞數千警力將夜襲立院學生有感」[34]，最後鴻鴻收錄了81首抗爭時期創作的新詩至其所創立的詩刊《衛生紙+24》[35]，以文學的創作性見證了年輕世代發動抗爭的年代。

文學與社會性的創造力透過跨世代的創作傳承（transmettre）[36] 與交流；創造力同時具有溝通與科技的層次，因為社會運動中的文本幾乎是與運動同步透過網路發表，同時賦予雙重的溝通與表達功能（文章特別寫給父母、孩子等）；在語言創造力的層面，有些關於公民性／文明性的名詞在社會運動中被創造出來，他們的陳述得以使權力晦暗不明的一面終至更迭，正如「黑箱」[37] 一詞，指的是合法卻缺乏正當性的程序，執意強行通過法案，既缺乏立法院內實質的討論，也未提供民眾相關訊息。「黑箱」一詞的使用也反映出封閉的內部空間。某些政治人物試圖與外部實體（私人利益、第三國）建立政治關係，已超出了民主國會代表的職權。所以，這個黑箱也是間「暗室」，是政治人物在民間投射權力的形像[38]。形式上的創造性也於此重返；反黑箱協

%E5%88%86-bafyreidp23dsbmq27vhhvydabug456c37edvunaaerwqu6ji3nreqpqgv4

34　https://www.epochtimes.com/b5/15/3/18/n4390583.htm

35　「衛生紙 + 第24期」，由黑眼睛出版社出版。標題「衛生紙+」代表自由而簡單的詩體呼應著民眾的日常的生活。http://www.eslite.com/product.aspx?pgid=1001190442341822

36　小野，《從我們的眼睛看見島嶼天光，太陽花運動，我來，我看見》，2014年，頁37。

37　Chihiro Minato（港千尋），《革命的做法：從318太陽花看公民運動的創造性》，心靈工坊，2014年，頁107。附圖兩張照片是由港千尋所攝。

38　*Ibid.*, p. 115.

商的請願由讀者[39] 將空白填滿來呈現。視覺、語言及社會的創造性像是個手工拼裝作業，將已存在的作品和每日用語轉化並再次使用，創造出前所未有的語言，開啓一個共存的空間（社會語言的異托邦）[40]。

此外，我們也還能列舉楊翠作為例子。楊翠是台灣日治時期文學家楊逵之長孫女，東華大學華文文學系教授，在其子魏揚參與318運動後出版了《壓不扁的玫瑰：一位母親的318運動事件簿》[41]，身為母親與教師，見證了學生、兒子與家族成員對台灣民主發展的理念與實踐，而書名引用楊逵的短篇小說《壓不扁的玫瑰》，再次展現台灣人對自由的追尋，也展現文學在此艱鉅的過程中厚實的力量。

另一類創作則為歌曲，例如來自高雄的滅火器樂團在北藝大

39　港千尋，《革命的做法：從318太陽花看公民運動的創造性》，頁97。

40　*Ibid.*, p. 82. « L'utilisation de la langue, c'est la création de l'espace. Créer la langue du poème ou du théâtre, et le réciter, non d'autre, c'est créer l'espace à travers la voix ».「語言的使用，也就是空間的創造。創造詩或戲劇的語言，並朗讀它們，沒有別的，就是用其聲音創造出空間來」。

41　《壓不扁的玫瑰：一位母親的318運動事件簿》。http://soyang.tw/~yk1906/index. php/20-new-books/41-318

師生邀請下創作出「島嶼天光」。正如主唱兼作曲者楊大正攻佔行政院流血衝突當日詢問學運領袖林飛帆對歌曲的期待，林飛帆只說了句盼望「溫柔的力量」[42]。這首歌曲見證攻佔行政院行動被強力驅離，造成150人受傷的抗爭事件。這首見證在地定位和去中化意圖的台語歌曲，被認為是「太陽花運動的代表性歌曲」。

標題中島嶼指的是福爾摩沙島，天光則是指天空亮起來，從黑夜到第一道曙光的出現，歌曲以第一人稱向母親、朋友、抗爭的夥伴和自己訴說著集體抗爭的心情和期待。黑夜象徵台灣尚未穩定的民主，黎明到來則表示希望穩固這珍貴卻尚未成熟的民主。歌詞敘述中請母親不要擔心：「無行過寒冬／袂有花開的一工」[43]人稱的草莓世代如歌詞中的描述，不再是媽媽的乖孩子，也不再僅滿足於和朋友到電影院娛樂，他們挺身對抗欺負他們的人，他們守護夢想、不再驚慌、已經是更加勇敢的人。

台語曾在戒嚴時期在公共場合和學校遭到政府禁止，相對於「較文明」的中文來說，被當成是粗俗的方言，而「島嶼天光」以台語唱誦就更加別具意義：如此顯露出運動中的社會語言異托邦，文明性所具有的內在暴力總牽涉到權力的利害關係（我們通常認為文明性與暴力無關，其實卻是息息相關）。後來抗爭者也將這首歌曲翻譯為英語，英語版並未逐字翻譯，而是將歌曲變成更加「國際化」，同時刪除了第一人稱的敘事，歌詞也傳達更普

---

42 林飛帆一邊看著電視播出佔領立法院，一邊向歌唱者及作曲者說出這句話。
https://zh.wikipedia.org/wiki/%E5%B3%B6%E5%B6%BC%E5%A4%A9%E5%85%89

43 https://www.youtube.com/watch?v=iV8JDbtXZm4

遍更具世界性的概念[44]。

這些創作文本同時來自於真實的概念分析，以一種深切的情感表述著與他人的另一種關係[45]，整體形構出一種「社會運動文學」。這些創作者，作家或音樂家，透過文字和文學的創新參與社會運動，作品不僅為社會運動的產物，同時也因在眾人間傳播而滋養運動本身：「像這樣的藝術參與運動並不是什麼新鮮事。藝術是一種嘗試，透過感性，去改變日常生活中物與物、物與人被賦予的關係，以及涵蓋著這一切的環境。[……] 轉化成記憶的場所 [……] 這些運動分別反映了各個時代的流行：歌曲、音樂、時尚、戲劇、文學、電影、電視節目等等，同一世代在感性上共有的事物，和運動的記憶結合在一起。群眾的記憶，並不是史書記載的延續，如果沒有感性的共通體驗，記憶是不會留下來的。抗議歌曲也是產生集體記憶的重要要素」[46]。

這些創作在社會運動的場域中變動生成，強烈的理性分析與情感交融，形成一種社會運動文學。創作者或是作家、或是音樂家、或是社會運動參與者、或是家屬，都創新了超越自我的作品，再造語言，產生一種力度和張力，對照著現實情勢下的困頓與衝突，共同的記憶由此銘刻於文學作品中，永續流傳。

44　Voir: https://www.youtube.com/watch?v=ZJFkCK_Ex2U

45　港千尋，《革命的做法：從318太陽花看公民運動的創造性》，頁83-86。港千尋分析島嶼天光，目睹學生練唱，為家人與愛人的設想：「假設了他者的存在，同時也是假定，對於這個他者的需要，要做出具體的回應。Care，注意、並理解他者的需求，同時思考、尋找如何滿足這份需求的方法，這就是care；在這個意義下，它的本質是具體的行動」。倫理層次上，care的民主主義，市民「有相互對彼此負有責任，對民主主義的制度與其實踐，也負有責任。」

46　*Ibid.*, p. 83.

但學生的抗爭遭到不禮貌、不文明、粗鄙等評價的譴責（特別是當時的交通大學校長吳妍華[47]和台北市議員侯漢廷[48]），學生靜坐守秩序與講究禮法仍無法使政府正視問題。這種試圖強行通過法案、不願傾聽人民請願、拒絕立院辯論和縮限溝通的政府，誰才不禮貌、誰才不文明？就如明道大學校長陳世雄所強調：「政府做錯事，學生才會出來抗爭，怎麼會怪小孩不禮貌呢？」[49]。東華大學教授施正鋒亦撰文「當大學教授淪為威權統治的幫凶」，進一步思考高等教育在社會運動中的角色和價值[50]。

事實上，當大學生與中學生對政府不採取行動改善氣候變遷問題而罷課時，現今真正的不文明性不就是人在與世界的關係中視之為理所當然的現象？我們所知今日的環保危機，也就是人為文明中的不文明：宮廷禮教的文明性中根據人性本惡的一面，提倡超脫肉體的熱情，而現代則宣揚滿足個人喜好、不惜損害自然資源。現今文明性的概念因而不該只是包括人與人之間的關係，而應納入人與非人的關係。如此，生態政治社會學運動已成為新型態的文明性載體，在此觀點下，古老的宮廷禮數和講求禮節的

47　https://news.ltn.com.tw/news/focus/paper/770050

48　https://n.yam.com/Article/20141024637784

49　https://www.taiwancon.com/111222/%E6%98%8E%E9%81%93%E5%AD%B8%E6%A0%A1%E9%95%B7%EF%BC%9A%E6%94%BF%E5%BA%9C%E5%81%9A%E9%8C%AF%E4%BA%8B%E3%80%80%E6%80%8E%E6%80%AA%E5%B0%8F%E5%AD%A9%E4%B8%8D%E7%A6%AE%E8%B2%8C.htm

50　Cheng-Feng Shih（施正鋒），「當大學教授淪為威權統治的幫凶」。http://faculty.ndhu.edu.tw/~cfshih/politics%20observation/newspaper/20140415.html（施正鋒）

說話方式也就顯得野蠻而狹隘了。就此來看，文明性與社會文明在此匯聚的現象，可為本文作結。若原本兩項截然不同和不容混淆的概念，最後卻透過訴求生態政治學的社會運動得以結合在一起，那是因為藉由民主的公民社會，形塑了新型態的生態文明性建構。生態文明性提倡一種新型態的文化，不再只與「人道主義」相關，而注重在生態素養中創造與彼此贈與的分享關係，不僅與文學文本相關，而且也跟地球這個人類共生共存的重要地方更加不可分離。

（中譯：林韋君）

台語片與健康寫實之間：
李行 1960 年代三部影片中的場面調度公民性

史惟筑、高滿德 Matthieu Kolatte

前言

　　《兩相好》（1962）、《街頭巷尾》（1963）、《蚵女》（1964）是李行在 1960 年代初期拍攝的電影作品，本文將分析三部影片檢視李行如何描繪「公民性」（civilité）與社群和諧間的關聯。換言之，我們將試圖理解李行如何在短短兩年間，從建立一個朝向民主精神、開放社會的公民性典型，走向另一個否定差異、獨尊霸權的典型。我們將以法國社會學者派提克・法侯（Patrick Pharo）區分兩種極端對立的公民性類別為方法：一種是專制體系用來壓迫、自我控制的手段，屬於「謊言型」（type mensonger）；另一種則建立在公正與真相的基礎上，可滋養「民主公民主義」（civisme démocratique）[1]，屬於「基礎型」（type fondamental）。如果第一種公民性類別的概念是藉由虛構

1　Patrick Pharo. « Civilité et démocratie », in Pierre Robert Baduel (dir.), *Construire un monde? Mondialisation, pluralisme et universalisme*, Maisonneuve & Larose, Paris, 2007, pp. 139-156.

和諧社會的公民性企圖遮掩獨裁暴政，第二種類別則可追溯自艾倫・玫蘭—卡吉曼（Hélène Merlin-Kajman）所言法國十七世紀的公民性歷史：即「不分對象的利他關係，也是民主共好不可獲缺的先決條件」。[2] 爲了符合本文題旨，我們將第一種類別稱爲「表面公民性」（civilité de façade），第二種類別稱爲「眞實公民性」（civilité authentique）。當然絕大部分的公民性典型既非純粹的「表面」亦非絕對「眞實」，而是介於二者間所有可能的實踐狀態，上述的區分只是爲了說明兩種極端的存在，因此在本篇文章裡，我們並非有意說明李行電影裡只主張「表面型」或「眞實型」的公民性典型，而是試圖論證導演在這兩者間進行了哪些嘗試。藉此視角，我們發現《兩相好》與《街頭巷尾》、《蚵女》有顯著差異，因此，本文分爲兩部分，分別由史惟筑針對《兩相好》與高滿德爲《街頭巷尾》、《蚵女》的解析來彰顯李行電影中公民性典型的轉換與過渡。

國民黨自1949年流亡來台，到了六○年代初所面臨最主要的挑戰便是如何同化人口佔多數的本省人來繼續把持政權？如何建立文化統一、經濟富饒、政治忠誠且不要求自治的社會？如何灌輸他們一種臣服卻不自主的「公民性」？這些問題的歷史背景與電影產製息息相關。自1949年至1950年中期，台灣電影資源掌握在國民黨手中，主要用來製作頌揚國民黨國族意識的影片內容。政府對台語片採忽視、放任態度，於是台語片產業找到蓬勃發展的空間。與政府製作的政令宣導影片相比，台語片產業更傾

2　Hélène Merlin-Kajman. « Civilité, civilisation, pouvoir », in *Droit & Philosophie*, vol. 3, 2011, p. 49.

向製作符合大眾口味的影片。要到1960年初期，國民黨才逐步制訂政策大力扶植國語片發展，並順應國民黨的政治需求。[3]

　　本文將聚焦在這三部影片如何呈現特定的公民性典範？以什麼樣的場景展現？在台灣族群與文化分裂的情況下，如何順應政權的意識形態與喜好？[4] 是哪些因素讓仍屬於台語片產業的《兩相好》與同屬國語片產業的《街頭巷尾》、《蚵女》產生差異？[5] 這些都是我們將在本文處理的問題。

　　我們並非隨機選擇分析上述三部影片。身為當時台灣既多產又有影響力的電影導演之一，李行能以各種引人入勝的情節發展出不同電影公式，又得以讓掌權者宣揚其意識形態。也正因如此，這三部片前後的轉折饒富趣味。李行在五〇年代末、六〇年代初已經拍攝了十多部，在電影圈奠定了一定的地位，而這三部片顯示李行如何從台語片過渡到國語片，並成為往後二十年來導演生涯的重要轉折。[6]

3　關於這段台灣電影的歷史，請參考Matthieu Kolatte. *Le cinéma taïwanais – Son histoire, ses réalisateurs et leurs films*, PU du Septentrion, Villeneuve d'Ascq, 2019, pp. 29-53.

4　在大衛·夏克針對中國與台灣的公民性研究中，他認為台灣即便到了1960年代也幾乎沒有進展，這是因為人民被以族群及文化區分開來所造成的結果。David C. Schak. *Civility and its Development: The Experience of China and Taiwan*, Hong-Kong, Hong-Kong University Press, 2018, pp. 118-119.

5　最後這個問題假設了台語片與國語片間仍有連續性的關聯。在台灣電影研究中很少討論這個問題，一般而言都將這兩個產業分開來研究、討論。

6　更多關於這部分的討論，請參照 Emilie Yueh-yu Yeh, Darrell William Davis. *Taiwan Film Directors. A Treasure Island*, Columbia UP, New York, 2005, pp. 30-35.

《兩相好》的公民性

《兩相好》是李行台語片生涯執導的最後幾部作品之一，由他自己於1961年在《自立晚報》支持下創立的「自立電影公司」製作。《自立晚報》是當時敢公開批評時政的報章之一，而李行的父親李玉階曾擔任發行人。[7] 在喜劇片類型及台語片電影語言的包裝下，《兩相好》繞過官方意識形態的框架，保留了一些空間呈現兩個不同族群、文化家庭間的衝突與和解。[8] 儘管影片仍脫離不了儒家思想下公、私領域不分的道德桎梏，但在這部分，我們將透過聲音部署觀察影片如何創造公民性空間的可能。

人類學家夏克（David C. Schak）認為公民性不存在於前工業時代的中國文化中。儘管一些學者將儒家思想中的美德、道德作為中國公民性的論證，但在西方思想的脈絡下，夏克認為公民性應與哈貝瑪斯（Habermas）「公眾（public）」概念的存在與否相關。[9] 這裡的公眾有兩層意義，一是具體空間，指向大眾開

---

7 林黛嫚，《李行的本事》，台北：三民書局，2009年，頁145。

8 同時期以國、台語鋪展情節，表現族群和解的電影還有宗由的《宜室宜家》（1961）（和《兩相好》一樣，皆取材自王天林1961年拍攝的香港電影《南北和》）、白克的《黃帝子孫》（1956）和《龍山寺之戀》（1962）。關於這幾部電影的分析，參見林傳凱，〈「省籍和解論」的影像敘事：重探白克存世的唯二作品〉，《看得見的記憶：二十二部電影裡的百年臺灣電影史》，台北：春山出版社，頁57-75；黃猷欽，〈1960年代初香港與臺灣電影中的族群對立與和解：《南北和》、《兩相好》與《龍山寺之戀》〉，《南藝學報》17期（2018），頁47-80。

9 David C. Schak. *Civility and its Development: The Experience of China and Taiwan*, p. 16.

放的公共空間或設施；另一爲抽象意識，指一群體是否具有利他的共同意識。然而，儒家五倫（君臣、父子、夫婦、兄弟、朋友）是建立中國傳統人際關係的基礎，社群建構以家庭爲核心。無論在具體空間或抽象意義中，人與人互動並不與他者互利爲前提。從中國社會學者費孝通提出的同心圓角度來看，「家」位於核心，「陌生人」則是最外圍的他者。[10] 因此可說「公民性」強調的人與社會互動、互利關係並不存在於前工業時代的中國社會裡。

《兩相好》的故事環繞著本省、外省家庭間的衝突與和解。導演讓兩個不同族群、文化、養成的家庭比鄰而居，設定劇情發展的基礎。而影片透過空間安排（比鄰而居的競爭性）、場面調度（進入彼此家門溝通或大打出手的幾場戲）與剪接設計（以交叉剪接對照兩家人看待子女戀愛關係的態度）來增強彼此間的對立。兩個家庭皆開設診所，本省籍的黃習明爲西醫，而外省籍的陳奚亭則爲漢醫，其子女不分性別都接受教育、就業。從知識、社經背景來看，他們都算當時六〇年代台灣社會中的知識份子，只是接受不同文化養成而對進步與現代的想像有所不同（如黃習明不認爲中醫師可稱爲醫生）。然而，如果放在夏克討論公民性的脈絡下來看，阻礙公民性發展的是劇中以家庭爲主的社會價值觀。

劇中一場呈現黃、陳兩位家長面對子女愛上隔壁鄰居的交叉剪接，便透露了在社會上家族名聲的重要性。當黃習明的太太黃

---

10 David C. Schak. *Civility and its Development: The Experience of China and Taiwan*, p. 21.

李玉英發現自己的姪女阿菊與陳家二兒子陳增量談戀愛，便擔心以後見不到她。因為在傳統中國文化中，嫁出去的女性便要「以夫為天」，成為另一個家庭的成員。陳奚亭在聽聞雙方兒女間的感情糾葛，儘管他希望置身事外，但仍說了一句：「我警告你們，千萬可別在外頭胡鬧，我們剛搬來多久，不能讓鄰居看笑話。」[11] 隨後，陳家太太陳王愛娥也認為黃家不會允許阿菊與自己的二兒子增量交往，因為「肥水不落外人田」。[12] 這在在強調家庭如何牽制個人的社會行為與互動：成年人的個人情感仍需經過家庭成員討論、認同（以男性、家父長為主），個人在外也須顧及家族形象。

中國傳統文化中的人際關係深受儒家影響，並以五倫為基礎從家庭向外拓展。此外，說明制度、行為、禮節的儒學經典《禮記》更提出「修身、齊家、治國、平天下」[13]的訓誡，指出一條從個人到平天下的路徑順序：要能平天下，首先要懂如何治國；要懂如何治國便得先齊家；要齊家，便得從自我學養、修行、心念為始。這本可能完成於西漢時期的經典，將維持家庭和諧與治國能力放在具有因果關係的準則下度量。實際上，台灣社會對這樣的看法並不陌生。中國國民黨於1949年流亡來台後，蔣介石曾於1953年發表《民生主義育樂兩篇補述》，其中同樣提出：

---

11 影片 1'05"29處，由台聖發行的DVD版本。

12 這句話除了表現家庭與外人之間的「內外」對立關係之外，也彰顯女性在家庭、社會地位的落後處境，如阿菊從小作為童養媳擔負家務，成年後也無婚姻自主權。此外，影片中進步與保守形象也建立在性別與族群的偏見、刻板印象上。然而這些議題皆非本文所欲探討主題，因此將予與略過。

13 《禮記》之〈大學篇〉，原文請見：https://ctext.org/liji/da-xue/zh（2021年7月6日檢索）。

「民族文化以家爲本，應強調國之本在家」[14]，強調家庭價值與和諧才能振興民族文化、豐厚國力。這樣的思維並沒有將家庭的私領域與國家所代表的公領域區分開來，而是將家庭視爲國家治理的微型場域。如果說某些傳統中國文化與價值仍主導著台灣社會，這裡指的並非私領域的文化認同，而是在公領域認同家國一體的思維。

循此邏輯重新回到《兩相好》，我們則更容易理解影片中以家庭爲核心的和諧、共好乃建立在中國國族想像的框架中。影片的空間安排並無公、私領域區別：兩個家庭皆將住家作診所之用，該空間同時也是雙方家長產生誤解、衝突、調解子女婚事之所。這也是爲什麼我們無法立即從影像視覺空間的安排來區辨公、私領域，因此也沒有公民性所代表的利他價值發生在公領域的可能。在《兩相好》中，是由語言的選用率先顯現公民性的存在。儘管在影像視覺空間內沒有公、私領域的區別（無論這是來自官方政治抑或中國傳統文化的影響），聲音空間卻開創了公民性典範的可能，也帶來一些政治提問。

語言可以表現不同政權帶來的歷史、文化、教育與習俗差異，也是在影片中用來建立「眞實公民性」的範疇。《兩相好》便是透過尊重、肯認不同語言、文化差異來展現族群間的和諧共處，並藉由跨文化對話排解誤會、衝突，分享資訊並維護相同利益。這裡強調著一種沒有哪一個語言、文化更加優越的「公民

---

14 請見「中正文化基金會」：http://www.ccfd.org.tw/ccef001/index.php?option=com_content&view=article&id=535:0002-4&catid=110&Itemid=256&limitstart=2（2021年7月6日檢索）。

性」。在最後兩場戲中，更以聲音及語言來描繪這項意圖。

在影片倒數第二場戲裡，雙方家長來到陳家試圖解決衝突，調解子女婚事。儘管他們應該要拋下成見，平息爭端，但這場戲以交叉剪接呈現，強調兩家人節節升高的衝突。我們先看到語言差異持續造成雙方誤解，文化偏見也表現在陳奕亭認為本省人結婚廣送喜餅是「惡習」上。同時，雙方子女也先放下彼此情愫，一言不合的肢體衝突只為捍衛自家名聲。儘管困難重重，雙方父親隨後以文明方式展現誠意，努力化解兩造歧見。也因此陳奕亭向黃習明解釋他們只是在醫學見解上有所出入，意見不同只是合理辯論。而對漢醫有成見的黃習明心平氣和地接受批評與討論，讓調解得以順利進行。因此，這場戲在雙方家長拋下成見、建立一個不否定差異的對話場域，顯現一真實公民性。

最後一場戲出現了另一個尊重他者的對話空間。這場戲含兩個場景，第一個場景是民間信仰的廟會遊行，其環境音延續至下個場景，直到影片最後一顆鏡頭。第二個場景先以全景鏡頭拍攝陳、黃兩家圍著一張圓桌吃拜拜，再以特寫鏡頭拍攝陳奕亭與黃習明划台灣酒拳，最後以各伸出大拇指的兩隻手，喊出「兩相好」作結。這場戲先利用聲音過場連結私領域及公領域，打開原本僅以家庭為核心的範疇。事實上，影片以民間信仰的視覺、聽覺元素運籌雙方的和解過程。在民間信仰長期被視為迷信而禁制的歷史前提下，[15] 如此的影音安排不但跳脫官方影片的言論框

---

15 國民黨政府曾在 1946-1965 年間發布民間不良習俗之辦法，參閱政府公報：https://gaz.ncl.edu.tw/detail.jsp?sysid=E10A6456, https://gaz.ncl.edu.tw/detail.jsp?sysid=E10A9210 以及 https://gaz.ncl.edu.tw/detail.jsp?sysid=E0947554（2021 年 6 月 30 日檢索）。

架，更以選擇華語划台灣酒拳突顯兩種文化和解共生的可能。

　　儘管《兩相好》仍以中華民國的國族認同爲優先，但影片藉由「差異」建構敘事，也藉由「差異」開創可能存在的公民性空間。在兩造溝通過程中，聽覺向度的聲音／語言藉著衝突、誤解與差異拓展公民意識空間，也成爲降生一眞實公民性之可能場域，迴盪著建立族群融合、民主社會的言外之音。

《街頭巷尾》與《蚵女》的公民性

　　我們在前面看到《兩相好》這部仍隸屬台語片產業的電影如何描繪眞實公民性，但其僅限於應用在特定範圍：即跨越文化及語言差異。此外，作爲人際互動基礎的儒家價值並不允許這種公民性充分展現在其他社交生活層面上。如果這眞實公民性的萌芽不足以成爲族群間民主共存的溫床，那麼它至少是個開端。在本文的第二部分裡，我們將看到李行接下來的兩部電影，也是他最早的兩部國語片，並沒有讓眞實公民性有發展的機會。相反的，它被罩上一層與尊重差異、民主共生毫不相容的「表面公民性」。

　　當李行轉身投入國語片產業後，不僅僅是在兩種語言、兩種觀眾之間做選擇（國語片的觀眾大部分是城市居民[16]，包括外省人或接受過華語教育的本省人），他還面臨新的限制及要求。因

16　葉龍彥，《正宗台語電影史（1955-1974）》，台北：台灣快樂學研究所，2005年，頁83。

爲在政府當局不管理、只限制台語片產業的同時[17]，把國語片視爲宣揚官方意識形態的工具。無論在國營或民營製片廠執導國語片，都必須受到國民黨的嚴格把關。[18] 而我們看到當李行轉入國語片產業後非但能順應官方期待，他的電影更被視作定義官方限制的框架，成爲往後幾年電影的「典範」。

李行的第一部國語片《街頭巷尾》跟《兩相好》一樣，都是由「自立電影公司」製作。不過兩部片的調性卻大相逕庭。《街頭巷尾》更像是導演拿來說服隸屬於國民黨黨產的「中央電影公司」（簡稱中影），向其證明自己有能力拍出符合當局期望的影片，也就是有效利用電影達到傳播意識形態之目的。[19] 幾年前李行曾三度向中影提出申請，希望以演員或導演身分受到聘任，然而他收到的三封拒絕信不得不讓李行採取新對策，以便受到中影的賞識進而獲得最先進的拍攝技術與優渥的資金。[20]

《街頭巷尾》講述垃圾拾荒者石三泰的故事，肥胖的他與三輪車伕好友陳阿發住在台北一個貧窮地區。石三泰與大多數當地居民一樣是外省人。當他的本省鄰居久病不治，石三泰決定收養鄰居遺孤：十歲的小珠。居民們被三泰和小珠彼此間的情誼感動，紛紛伸出援手，增強彼此對社群的向心力。只有本省籍皮條客吳根財和本省籍風塵女朱麗麗刻意與這群人保持距離。但隨著

---

17 Matthieu Kolatte. *Le cinéma taiwanais – Son histoire, ses réalisateurs et leurs films*, pp. 29-40.

18 在這之中當然也有些例外，尤其較有名氣的導演（比如潘壘、白景瑞、宋存壽或李翰祥的前幾部影片），但整體來看，這些比例不足以忽視這種普遍情況。

19 針對60年代電影政策，請參考洪國鈞，《國族音影——書寫台灣‧電影史》，台北：聯經，2018年，頁115-116。

20 林黛嫚，《李行的本事》，頁145。

前者鋃鐺入獄，朱麗麗最終獲得解脫，成為社群裡有用的一員。

角色的社交關係舉足輕重是這部影片主要傳達的訊息。鄰里社區的運作要良好，成員間必須相互體諒，遵守公民性規範。於是，好吃懶作的皮條客鄰居吳根財成為社群和諧的主要威脅者。他待人處事鄙俗失禮，比如當小珠重病母親的咳嗽聲打擾到他，他會粗暴的用拳頭敲打他家與小珠家之間的隔牆；又或者他會侮辱陳阿發，與其大打出手。[21] 而石三泰與小珠間仍不穩固的親子關係，也因小珠同學嘲笑三泰的職業與外表受到挑戰。[22] 相反的，促進社區穩定和諧的角色往往文明得體，或能與不文明相抗衡。當麗麗在街頭被一個喝醉酒的本省人騷擾，阿發挺身而出不僅贏得芳心，也邁向救贖麗麗的第一步。[23] 至於小珠的老師蔡老師每次出現在三泰和小珠家時都相當善解人意。她展現出來的言行舉止不僅能夠傾聽他人，也對他人言論保有耐心，蔡老師體現出維持鄰里社群穩定發展所需的最高度公民性。[24]

透過《街頭巷尾》，李行傳遞相當政治化的觀點，情節背景所設定的地區也被作為彼時台灣形象的借喻。本省人和外省人這兩個族群要能共存，有必要建立新的社群凝聚力。為了達到此一目的，必須打擊不良傳統所代表的價值觀與行為。在《街頭巷尾》裡，主要的抗爭是為了性別平等。一方面當不識字又無親無故的麗麗落入男性沙文吳根財的控制時，另一方面蔡老師說服當地居民鼓勵小珠繼續學業。值得注意的是，文明使者的角色主要

---

21 李行，《街頭巷尾》，豪客唱片有限公司，2015，7: 25、1: 24: 05。

22 李行，《街頭巷尾》，57: 20。

23 李行，《街頭巷尾》，45: 00。

24 李行，《街頭巷尾》，51: 50、1: 11: 25。

屬於這位行使公共權力的代表，以及該街區的外省籍居民。唯一文明的本省人只有小珠和她的母親。當後者過世後，是外省人石三泰收養這個小女孩，將她從與麗麗相似的命運中解救出來。如此一來，權威（蔡老師）、現代性（性別平等）、公民性與中國文化（暗指其所反對的台灣不良傳統）便產生了關聯。我們甚至注意到小珠返校後上的第一堂課叫做「我的祖國，中國」。[25]

李行透過情感以及當時台語通俗劇的敘事符碼來稀釋這個暗藏的信息（可能為了避免冒犯本省觀眾）。我們能在《街頭巷尾》裡找到大量此種電影類型運用的素材：垂死的母親、年幼的孤兒、窮苦地區、因悲苦命運而被迫賣淫的女人、粗鄙的流氓等。[26] 不過在許多台語通俗劇中，人們可以感受譴責社會不公的那股既天真又真實的想望。《街頭巷尾》以電影寫實主義的傳統形式轉化官方話語，該片讓文明性不只表現在具有德性的角色身上，更是社群成員自發參與社會建設的基礎，這正符合國民黨為合法化其專斷政權的官方說辭。[27]

李行的策略奏效。1963 年新任中影總經理的龔弘對《街頭巷尾》印象深刻，邀請李行執導《蚵女》。這是台灣第一部彩色寬銀幕華語電影，[28] 並開啟由官方主導的「健康寫實」電影運

25　李行，《街頭巷尾》，55: 10。

26　60 年代初期還有其他運用相同元素的台語通俗劇：比如林摶秋《丈夫的秘密》（1960），邵羅輝《舊情綿綿》（1962），梁哲夫《高雄發的尾班車》（1963)。此外，《街頭巷尾》也出現了多位台語片明星，如飾演三泰的李冠章。

27　Denny Roy, *Taiwan. A Political History*, Cornelle University Press, 2002, pp. 79-80.

28　《蚵女》為首部不需外籍技術人員協助攝製而成的電影。洪國鈞，《國族音影——書寫台灣・電影史》，頁117。

動。這說明了學者們普遍認為《街頭巷尾》中的道德觀符合國民黨政權的政治學說。[29] 龔弘的策略是積極鼓勵華語電影，並透過娛樂片散播政權意識形態。[30] 他放棄1950年代中影的政宣片風格，將義大利新寫實的形式（小人物故事、實景或看起來極為寫實的場景）結合「健康寫實」中的父權意識形態與國民黨號稱的現代性。[31] 龔弘對於該運動首部電影的想像類似《街頭巷尾》，但故事發生在台灣沿海漁村。將《蚵女》設置於海邊的劇情構想來自同樣以台語片開啟導演生涯的外省導演李嘉的電影《海埔春潮》（1961）。因此龔弘邀請李行與李嘉共同執導《蚵女》。

《蚵女》講述台灣南部養蚵少女阿蘭的故事，她與遠洋漁伕金水相愛。阿蘭的父親嗜酒、嗜賭如命，執意金水必須付給他一大筆聘金才會同意兩人婚事。為了達成這個要求，金水加入一艘拖網漁船到遠洋捕魚。就在金水出海之際，阿蘭發現自己懷有身孕。不只被感覺顏面掃地的父親逐出家門，還受到混混阿火的騷擾，也被阿火女友阿珠言語侮辱。幸而阿蘭得到朋友阿娟、漁會（一個由國民黨控制的組織）技術員郭明順，以及村醫兼村長蘇

29　邱淑婷，《中日韓電影：歷史、社會、文化》，香港：香港大學出版社，2010年，頁88-89。

30　中影並非一直採取排擠台語片、獨尊國語片的態度。前任中影董事長蔡孟堅並不反對台語片。他積極希望讓中影走向企業化、市場化。他認為百分之八十以上的台灣人皆使用台語，應該將台語片的格調、市場、製片成本提高，便能在國際市場開展新道路。1962年這股風氣也影響了台製廠，他們於同年宣布準備開拍劇情長片時，也是採取國、台語並進的立場。中影的蔡孟堅希望能夠大量拍攝黑白台語片以獲得營收，以利彩色國語片的發展。蘇致亨，《曾經台灣有個好萊塢──毋甘願的電影史》，台北：春山出版社，2020年，頁204。

31　Emilie Yueh-yu Yeh, Darrell William Davis. *Taiwan Film Directors: A Treasure Island*, p. 26.

醫生的幫助，她寄宿在阿娟阿姨的一間偏僻小屋裡。阿蘭甚至還承受難產的痛苦，被送到蘇醫生診所後動了一場大手術，終於救回小孩和她自己。就在此時金水從遠洋歸來，在蘇醫生／村長的見證下與阿蘭舉行婚禮。最後，阿火被警察逮捕，阿珠與阿蘭盡釋前嫌，阿蘭的父親也願意痛改前非。

　　與《街頭巷尾》相同，《蚵女》傳達了行為舉止至關重要的道理。在號稱以科學理性、相互尊重、保護弱小為基礎而建立的新社會，如果沒有某種形式的公民性也無法存在，這也是蘇醫生與技術員郭明順在片中不斷倡導的信念，也受到小鎮良民（尤以阿蘭，阿娟和金水為首）的支持。然而同時間公民性卻也經常受到他者威脅。一方面，阿蘭受制於傳統觀念的父親（對未婚懷孕感到丟臉，服膺專制父權），他對金水向女兒求婚不屑一顧，鄙視為阿蘭未婚懷孕辯駁的阿娟。[32] 另一方面，阿火只要出現便屢屢犯下暴力事件，這個沙文小混混在試圖性侵阿蘭之前，[33] 便已多次展現他的粗鄙；他欺負明順的啞巴助手，只是因為他為蘇醫生當選市長感到喜悅，此舉讓村里黑道勢力支持的候選人蒙羞。[34] 阿珠起初被自己對阿火的愛慕之情蒙蔽雙眼，不止一次當眾侮辱、挑釁阿蘭，讓她難堪。[35] 相反的，那些支持進步觀點的居民舉止則文明得宜，並譴責、干涉無禮行為。當阿蘭與阿娟前來求救，蘇醫生與郭明順演繹了何謂完美的公民性。[36] 阿娟、阿

32　李行，《蚵女》，中影（台灣），2005，48: 12、1: 11: 00。

33　李行，《蚵女》，9: 35、19: 20、1: 21: 15。

34　李行，《蚵女》，34: 10。

35　李行，《蚵女》，20: 50、1: 02: 05。

36　李行，《蚵女》，18: 10、1: 08: 35。

娟姑姑、金水與金水母親在和不熟的人來往時，亦體現了公民性的多重樣貌。[37] 明順在一次由助手協助，一次受金水幫忙的事件中，阻止因無禮而導致的紛爭。[38]

《蚵女》比《街頭巷尾》更明顯地在形式上與台語片產生斷裂。然而，這首部「健康寫實」之作同時也忠實的延續李行先前的作品公式。我們注意到《街頭巷尾》裡的根財就像《蚵女》中的阿火（無可救藥的流氓與違法亂紀份子），麗麗就像阿珠（先誤入歧途再改過向善），而蔡老師就是郭明順（社會公信力代表）。但其中也有一項顯著差異：在《蚵女》中，李行與李嘉以外省人─本省人的二分法來塑造現代性（國民黨式）與傳統（這裡毫無疑問直指台灣，因為故事發生在台灣，但實際上與中國所代表的傳統價值並無顯著分別）的對立。《蚵女》邀請觀眾接受一種新的共存模式以及與之相應的公民性，卻不處理族群融合的問題。李行更在接下來獨當一面為中影拍攝的《養鴨人家》（1965）中證明了這項轉變。

整體而言，李行的頭兩部國語片《街頭巷尾》與《蚵女》無法製造語言與文化建設性對話的可能，甚至對蘊含任何台灣多語、多元文化的環境及條件存疑。曾在《兩相好》中開啟的小小真實公民性空間被再度關上。而《街頭巷尾》與《蚵女》呈現的公民性也只是層外衣：它在影片的主要作用僅是指出那些遵守文明規範的人才是國家良民，然而在這樣的國家裡沒有可被期望或可被接受的差異，也沒有真正的選擇，只有國家的官方說法（父

---

37 李行，《蚵女》，1: 11: 00、1: 12: 20、1: 25: 15、1: 29: 00。

38 李行，《蚵女》，24: 10、34: 20。

權、華語霸權與表面的現代性）才是解決問題的「良方」。

結論

　　上述三部影片的共通點是將社群作為台灣理想社會的換喻，卻提出截然不同的公民性典範。《兩相好》的公民性只出現在跨越語言、文化差異的交流中。儘管這只涉及社交生活裡的其中一個面向，真實、開放接納的公民性仍在尊重他人、對話意願的基礎上萌芽。在《街頭巷尾》、《蚵女》中，公民性顯現在更多層面，然而它卻建立在排外、否定他者的「表面型」基礎之上。在欠缺理性論辯的和諧假象後方，是一道遮掩極權、專斷政治權力的面紗。

　　李行在兩年之間的改變顯然是受到電影產製背景的影響。《兩相好》是台語片，屬於相對而言擁有較多自由但仍有所受限的電影工業。儘管這可能是來自官方的忽視而非寬容，但也因此不需順應官方主調。相反的，國語片與權力機器的關係更為緊密，尤其在六○年代初鼓勵國語片發展的政策底定，以及龔弘於1963年接任中影總經理後更加明顯。

　　我們或許無法明確指出這三部影片所創造的公民性影像空間如何影響當時的觀眾，它們在商業上的成功也無法說明觀眾究竟被哪個層面吸引[39]。儘管如此，影片裡再現的公民性被廣泛宣

39　林亮妏，〈李行導演與他的「健康寫實」行李〉，《看得見的記憶：二十二部電影裡的百年臺灣電影史》，台北：春山出版社，2020年，頁144-145與頁152。

揚，在其中，《兩相好》則以特定元素表明捍衛一眞實公民性的立場。

　　值得注意的是，有些在2008至2010年間獲得商業成功且意含身分歸屬與認同的台灣電影也顯見相似於《兩相好》中意圖建立的公民性典範。[40] 本文無意處理當代電影，但我們注意到在民主氛圍下產製的台灣電影，也出現與《兩相好》極爲相似的公民性主張：鞏固國族多元文化社群。我們可以確定這種相似性並非模仿。因爲《兩相好》長期以來受到忽視，其電影語言也較爲過時，無法與二十一世紀初的電影相提並論。[41] 但由此可推斷眞實公民性只有在擁有一定程度的言論自由下才有可能發生。如果自由受到某種程度的限制卻仍透露出再現眞實公民性的端倪，那麼如今只有自由開放才能讓它更爲確立。

　　此一結論呼應艾倫・玫蘭—卡吉曼與法侯的觀點。透過釐清公民性概念，將它與尊重階序（le respect hiérarchique）、親近性（la familiarité）[42] 等這些常被混淆的概念區分開來，不將它等同於情感壓迫工具[43]。兩位作者也表示公民性與民主關聯的優先性。本文同時證實了夏克的研究，也就是眞實、有效、普遍適用

40　Matthieu Kolatte. *Le cinéma taiwanais – Son histoire, ses réalisateurs et leurs films*, *op. cit.*, pp. 112-118.

41　就我們所知，幾乎沒有一位當代導演自承受到李行電影影響。1980年代台灣政治、社會、文化和藝術的劇烈轉變，解釋了台灣電影前後時期缺乏連續性的原因。此外，大部分從80年代以來拍攝第一部片的電影導演們，與李行這一代導演的養成不甚相同。關於上述所提80年代的歷史、世代斷裂及其迴響，請參考Ming-Yeh T. Rawnsley（蔡明燁）. « Taiwan New Cinema », in *Taiwan cinema/ Le cinéma taiwanais,* Lyon: Asiexpo, 2009, pp. 89-96.

42　Hélène Merlin-Kajman. « Civilité, civilisation, pouvoir », *op. cit.*, p. 63.

43　Patrick Pharo. « Civilité et démocratie » *op. cit.*, p. 140.

於社交生活裡的公民性，只能在台灣的國家民主化過程中得以發展。[44] 不過，我們也為夏克的研究提供更多的細微差異或補充，亦即真實公民性的概念也曾在國家有限度、暫時鬆懈控管的前提下，在民主時代之前的某些社交生活範疇裡成為可能。

（中譯：史惟筑）

---

44 David C. Schak. *Civility and its Development: The Experience of China and Taiwan, op. cit.*, pp. 157-158.

文學翻譯作爲文明／公民性的媒介：
莒哈絲與胡品清在台灣的譯介[*]

林德祐、黃士賢

引言

　　長期以來，文學翻譯經常被一種文類不明的問題所糾纏：既非外文，亦非本地文學。關於翻譯的負面刻板印象，從整個翻譯史來看似乎也層出不窮：不論「美女不忠論」，或是「譯者食人論」[1]，或翻譯即挪用等，翻譯所遭遇的貶抑有如文學領域中的「第二性」。文學翻譯就像一種「不文明」的文類，是透過野蠻的侵襲而來，不斷吞噬，也與剽竊脫不了關係。文學翻譯如果不是被視爲曖昧不明，就是被邊緣化，譯文一向只被視爲原文的次要項或附屬。然而，自從巴斯內特（Susan Bassnett）與勒菲佛爾（André Lefevere）提出了「文化轉向」以來，翻譯重新被賦予重要性，也找回了它的自主性，重新回到論辯的核心。我們重新發現翻譯在文化交流上的重要性。我們也可以回想，在歐洲，從

＊　本文爲黃士賢與林德祐共同發表的成果，文中部分關於胡品清法文小說翻譯的研究源自林德祐科技部專題計畫「譯作與自我書寫的文本互涉：胡品清的法語翻譯小說研究」的部分成果（計畫編號：MOST107-2628-H-008-001）。

1　評論家 Marie-Hélène Catherine Torres 曾撰文探討譯者與食人族的隱喻。

古代到文藝復興時期，翻譯能力也是屬於文明性的能力之一，另一個能力則是辯論術，翻譯也與政治權力的打造有關。（Robinson 22）

的確，文學翻譯有助於充實文化內涵，對文化交流是一個重要的媒介，首要之務在於跨越了語言與文化的隔閡，開創一道連結，銜接起兩個思想體系，最終超越了藩籬，就像一種朝「異」的他者迎接與開啓。翻譯開啓了國家的疆界，迎接國外的創作，拓展了世界文學。當我們將文學翻譯視為艾倫・玫蘭─卡吉曼（Hélène Merlin-Kajman）所闡述的文明／公民性（civilité）的場景，亦即透過文學的接收與評論來評估文學及其社會政治背景的關係，我們更能發現翻譯的複雜性，翻譯所涉及的層面也遠遠超出單純的一道文學交流。隨著翻譯計畫、時代、目的語的政治處境或語境論述，翻譯的功能有所不同，也隨著譯者捍衛的主觀觀點或個人立場而有所不同。

本研究試圖重新審視莒哈絲（Marguerite Duras）的小說在台灣的翻譯情況，特別針對胡品清於七○至八○年代所翻譯的一系列作品綜合討論。選譯莒哈絲具有一定的特殊性。究竟是哪些因素使文學翻譯產生效益或未達其效益？台灣讀者如何理解莒哈絲？莒哈絲哪些論述產生效益，哪些論述未能順利傳播？譯者傳遞何種訊息給讀者，甚至主導了閱讀的走向，進而補充了原文？

六○年代，台灣開始有人翻譯莒哈絲，當時她是以新小說集團的身分被譯介至台灣。1984年發表了《情人》（*L'Amant*），隔年胡品清隨即翻譯，莒哈絲在台的知名度才真正達到了高峰。自此以後，翻譯、再版、學院派的研究、電影的改編，凡此皆使莒哈絲逐漸變成了一個重要的文學現象，其深刻的程度不亞於早

期七〇年代在台灣風靡一時的天才少女作家莎岡（Françoise Sagan）。今日，莒哈絲在台灣變成了女性主義與情慾書寫的代表性人物，且持續在學術界引領風潮。不少台灣女作家也以她為典範，仿效她的書寫，例如也有女作家說莒哈絲書寫了「我心底的荒蕪」。無論如何，莒哈絲的例子相當值得探討，我們亦可藉此研究文學翻譯如何透過不同、迴異，甚至對立的聲音，彼此對話，充實文化底蘊。

一、莒哈絲在法國文壇的地位

在了解台灣讀者如何閱讀莒哈絲，主流論述如何導引讀者之前，我們可以先回顧莒哈絲的書寫歷程。了解這段書寫歷程的幾個重要座標，更能夠讓我們比較置換到另一個文化背景時的轉變。事實上，莒哈絲寫作的幾個重要轉折似乎都預示了她能在台灣的學術界引起的熱潮。

事實上，莒哈絲的創作歷程經歷了幾次脫離傳統小說的企圖。最初她的寫作依然銘繫在傳統的敘述模式下，後來她開始嘗試不同的小說書寫模式，將敘述的成分降到最低。從《如歌的中板》（*Moderato Cantabile*）開始，甚至早在這本小說之前，莒哈絲已經開始嘗試精簡化的書寫，樸素化的敘述，摒除冗贅的描寫成分。對她而言，書寫是為了探掘內在世界，也就是「關注一段內在的情境」。（Chapsal 60）

羅蘭‧巴特（Roland Barthes）在《Ｓ／Ｚ》中區分了「可讀」（lisible）和「可寫」（scriptible）的文本，他認為有價值的是「可寫」文本，以下是他的論證：

為何「可寫」文本會是我們的價值呢？因為文學工作的關鍵（文學作為工作），並非要讓讀者成為消費者，而是意義的製造者。「可寫」文本的對立面就是反價值，負面價值，反抗價值：可被閱讀，但不可被書寫。所有「可讀」的文本，我們稱之為古典。（10）

在莒哈絲的書寫中可以看出這個從「可讀」文本轉移到「可寫」文本的企圖，而這個轉變也和出版社的轉變有關。

事實上，1958年在莒哈絲的小說創作生涯是一個分水嶺：她從伽利瑪出版社（Gallimard）轉到子夜出版社（Éditions de Minuit）。轉換出版社讓她可以嘗試一些不一樣的小說主題，像是女性感官、情愛謀殺和酗酒縱情等問題：1960年的《夏夜十時半》（*Dix heures et demie du soir en été*），1962年的《安德瑪先生的午後》（*L'Après-midi de Monsieur Andermas*），1964年的《勞兒之劫》（*Le ravissement de Lol. V. Stein*），1966年的《副領事》（*Le vice-consul*），1967年的《英國情人》（*L'Amant anglais*）。不難發現莒哈絲的文字變得越來越抽象，必須有知識涵養、對莒哈絲寫作風格有一定了解的讀者才能駕馭。此外，莒哈絲也受到羅布—葛里耶（Alain Robbe-Grillet）的賞識，當時羅布—格里耶是子夜出版社的文學顧問，也是新小說的領袖。正是在羅布—葛里耶的協助之下，傑霍姆·朗東（Jérôme Lindon）出版了兩本莒哈絲創作生涯中最具代表性的小說：1958年的《如歌的中板》和1969年的《毀滅，她說》（*Détruire, dit-elle*）。後來莒哈絲也將《毀滅，她說》拍成電影。就是從這本書起莒哈絲開始涉足戲劇與電影，並嘗試執導。她甚至表示，未

來的書寫會是電影。這一時期的莒哈絲與電影的關係最爲密切，拍片讓莒哈絲跨足文壇與電影界。

1960至1970年間，莒哈絲致力於電影與戲劇創作。在此概述此一時期的歷史背景：法國發生了六八學生運動，青少年質疑了戴高樂總統（Charles de Gaulle）所代表的傳統權威，莒哈絲也參與了這場抗爭活動。當時的一些標語，例如「禁止禁止」或「暢爽無設限」都在莒哈絲的作品中找到呼應。莒哈絲也走上街頭，在拉丁區與馬克斯主義、反帝國主義、女性主義團體接觸，並主持學生作家委員會。她以少量的資金投入電影拍攝，第一部電影《毀滅，她說》，關鍵字就是「毀滅」，毀滅社會階級。拍攝電影期間，她曾表示：「我建議應該關掉所有的學院，所有的大學，所有學校，徹底地關閉。讓一切從頭開始，這就是《毀滅，她說》的主旨。」（31）

1969年到1983年期間，莒哈絲的小說充斥著一股公平正義的意識，這股想法從《毀滅，她說》就已經出現了，只是這一時期她專心投入電影的拍攝，十四年間總共拍攝了十七部片。這個以少量資金完成的電影作品，倘若不是因爲她在文壇最初即已建立的合法性，或是因爲拍攝《廣島之戀》（*Hiroshima mon amour*）所獲得的名聲，重要性可能會被忽略。在一個文學場域不穩定的環境中，象徵資本的數量可決定每個代理人的立場。換言之，資本的價值也決定了莒哈絲新的位置的合法性。莒哈絲的影像，她的風格和她的獨特性，讓她在文學場域具有特殊的地位和立場。在這一時期，莒哈絲完成了許多小說，書中可看出她對性慾的探索。《對談錄》（*Les Parleuses*）透露出一種廣義的女性主義。莒哈絲其實不同於一般的女性主義，即使她參與社會運

動，她依然無法被框限在某個範疇。她奮戰的方向並不在此：她想探討的是男性與女性的關係之間慾望的「君權關係」。作家的風格轉變為情色主義，在《對談錄》中，莒哈絲刻意參與了性別書寫。「莒哈絲的書寫中有一種彆扭，甚至左派的層面、情色與暴力緊緊結合在一起。」（26）這樣的書寫強化了她在1970至1980年間文壇的地位。暴力的呈現或許與莒哈絲經歷過這兩個事件有關：阿爾及利亞戰爭或六八學運。她對暴力的呈現與這段社會的改變有關。莒哈絲大刀闊斧地改造這些事件，在小說中混入了女性精神與情色主義。

　　《情人》在出版界引起轟動，並於當年獲得龔固爾文學獎（Prix Goncourt），將莒哈絲推向至高的地位。可以這麼說，1984年，莒哈絲的文學聲望達到了頂峰，且居高不下，連帶著大家對於她之前的作品和日後的創作都有更進一步的關注。《情人》獲得了極高的評價，讀者相當欣賞這部作品的文學價值。莒哈絲獲得龔固爾文學獎，這也證明新小說以及子夜出版社發行的作品獲得肯定：這是子夜出版社第一本獲得龔固爾文學獎的小說，然而這個文學獎頒予的並非子夜集團旗下的作家，而是一個本身已有名氣，與新小說流派來往甚密的作家。《情人》的風格特殊，隨即能獲得文學機構的認可與肯定，就像福樓拜（Gustave Flaubert）獲得當時的《文學沙龍》支持的例子一樣，布赫迪厄（Pierre Bourdieu）在《藝術的規則》（*Les règles de l'art*）中就曾援引這個十九世紀的案例闡述。就近來看，《情人》中人物沒有名字，故事也沒有所謂的來龍去脈。人物沒有身分，也沒有歷史指涉參照。此外，《情人》是莒哈絲重返「印度支那系列」（cycle indochinois）的著作，自然與之前的作品有

互文性關係，讀者可以聯想到三十五年前出版的《抵擋太平洋的堤壩》（*Un Barrage contre le Pacifique*）。但有些線索與之前的作品稍有矛盾之處。《抵擋太平洋的堤壩》中只有一個哥哥，而非兩個。此外，《情人》中，追求女主角的是一位中國人，然而在第一本小說中，情人的國籍身並不明確。隨著構成「印度支那系列」的作品逐步問世——包括尚－賈克‧阿諾改編的《情人》電影，以及1991年由伽俐瑪發行的《中國北方的情人》（*L'Amant de la Chine du nord*）——莒哈絲小說世界的互文性達到最高峰。

總之，莒哈絲的生平幾乎涵蓋了整個二十世紀，她的一生與二十世紀所發生的事件或動盪局勢密切相關。的確，她並非那種置身事外，潛隱自我世界的作家，年輕時，她經歷了殖民與社會的不公，晚年，她的作品深獲廣大讀者喜愛，同時又與密特朗（François Mitterand）私交甚篤，她的創作與二十世紀的政治事件息息相關。

創新的文體、以再造之名進行毀滅之實、打破文類邊界的框限，整體來說，莒哈絲的作品不易捕捉，不易分類，具有潛在的顛覆性。我們可以想像，莒哈絲的作品在台譯介可能帶來的風險與迴響。最初，莒哈絲在台灣的閱讀僅限於少數的讀者，特別是知識份子型的讀者。

二、胡品清在台譯介莒哈絲

莒哈絲的小說在1970年到1980年間開始譯介至台灣，最主要是透過胡品清的翻譯。胡品清在這段法國文學在台灣的翻譯史

上扮演重要的角色。當時台灣正不斷從西洋文學汲取靈感，[2] 也不排斥用實驗性語言創作的作品，在這個背景之下，法國文學又是世界文學中的佼佼者，除了創新求變的精神，表達的自由，以及思潮豐富多樣都足以吸引其他國家的關注，特別是當時的台灣文壇積極嘗試走出現況，不斷尋覓新的典範。

胡品清原籍中國，1949年與法國外交官兼漢學家吉耶瑪（Jacques Guillermaz）結婚，婚後歸化法國籍，1962年定居台北，任教陽明山的中國文化學院，並且成立了台灣第一個法文系。胡品清在西洋文學的傳授上具有一定的權威，抵台後也不斷譯介法國重要的思潮與文學主張。特別是在詩歌方面，她曾發行一本詩選，[3] 以一冊的篇幅譯介了法國從象徵詩派、巴拿斯派到超現實主義的重要詩人，選譯的作家包括魏爾倫（Verlaine）、韓波（Rimbaud）、里勒（Leconte de Lisle）、波特萊爾（Baudelaire）、德諾（Robert Desnos）、培維（Jacques Prévert）、羅特阿蒙（Lautréamont）、聖—約翰·瓊斯（Saint John Perse）等。在小說方面，胡品清較為人知的成就是在1970年代譯介了新小說，陸續以節錄的方式譯介了羅布—葛里耶、畢鐸（Michel Butor）、薩侯特（Nathalie Sarraute），以及克婁

---

2 當時有一群主張現代主義的作家，創辦了期刊《現代文學》。他們主張走出傳統風格與形式，擺脫傳統儒家道德體系，提出新的美學形式。

3 即《法蘭西詩選》，桂冠出版社發行。這本詩集的前身是《胡品清譯詩及新詩選》，1962年由中國文化學院發行，後來桂冠出版社將譯詩的部分獨立發行成《法蘭西詩選》。2000年，莫渝整理了胡品清分散在不同期刊的譯詩，重新出版增補後的《法蘭西詩選》。2014年上海三聯書店以莫渝的版本為底本，參酌胡品清編著的《迷你法國文學史》，再次擴充，出版了簡體字版的《法蘭西詩選》。

德‧西蒙（Claude Simon），和菲利浦‧索萊爾（Philippe Sollers）。

胡品清是作家、翻譯家，同時也教授法國文學，莒哈絲小說在台的流播大多得力於她的譯筆。1978年她翻譯了《如歌的中板》，由翻譯天地發行。1982年，尚未轉型成純學術期刊的《中外文學》刊登了她翻譯的《大西洋人》（*L'Homme Atlantique*）。莒哈絲出版了《情人》之後名噪一時，文經社在《情人》問世的隔年1985年委託胡品清翻譯。此外，胡品清還譯過一些莒哈絲的短篇或小說節錄，最終以綜合性文選出版。[4]

從胡品清逐年翻譯的法國小說來看，不難發現她偏好傳統小說，特別對心理分析小說，以及寫實主義以來的敘述風格情有獨鍾。通常，胡品清翻譯的傾向主要在於譯介法國文壇中的大師，特別像是天主教小說家，此類型作家的風格澄澈，對於嚮往神恩，遭受原罪折磨的人類心靈描繪相當細膩。例如，1965年她翻譯了莫里亞克（François Mauriac）的《寂寞的心靈》（*Thérèse Desqueyroux*），莫里亞克是1952年諾貝爾文學獎得主，冷戰時期反共產主義的立場鮮明。1977年，胡品清再度選譯另一位天主教小說家朱利安‧格林（Julien Green），翻譯了他的《她的坎坷》（*Léviathan*），選譯的理由正如她在〈譯序〉中提到，該小說家「行文明朗簡潔，有古典主義的品質」。（280）不論是莫里亞克或是朱利安‧格林，可以發現胡品清擅長翻譯具有「美好風格」的作家。1965年胡品清翻譯了聖修伯里（Saint-

---

4　胡品清也曾譯過《廣島之戀》的節錄，重新提名為〈初戀〉，收錄在隱地與袁則難的《偶遇》，台北：爾雅，1987年。

Exupéry）的《夜間飛行》（*Vol de nuit*），1980年她翻譯了喬
治‧西默農（Georges Simenon）的《聖費阿克事件》（*L'Affaire
Saint-Fiacre*），儘管小說之間主題相差甚遠，但至少都屬於傳
統小說的書寫方式：情節組織嚴謹，傳統的法文書寫，明朗簡
潔，其中也不乏寫實主義小說以來最講究、華美富麗的描寫文。
胡品清在1970年翻譯了馬赫索（Félicien Marceau）的《廣告女
郎》（*Creezy*），即使這本小說標榜語言創新，大量運用獨白，
句法破碎，名詞組合居多，但這部作品的文字依舊歸屬古典。[5]

　　除了男性作家的文學作品，胡品清更為人所知的成就在於翻
譯了許多二十世紀女性小說家。除了上述的莒哈絲之外，胡品清
還翻譯了莎岡（Françoise Sagan）的《怯寒的愛神》（*La
Chamade*, 1976）、《心靈守護者》（*Le Garde du cœur*, 1977）；
葛蕾德夫人（Colette）的《二重奏》（*Duo*, 1980）、《隱匿的
女人》（*Femme Cachée*, 1985）中的數則短篇小說；薇慕韓
（Louise de Vilmorin）的《某夫人》（*Madame de*）和1984年由
黎明文化發行的雙語對照版《邂逅》（*Julietta*）。不論是葛蕾德
夫人小說中的夫婦之間的心靈悲劇，還是莎岡筆下青少年遊手好
閒的生活與愛情的體驗，或是薇慕韓小說中那種愛情躲貓貓的遊
戲，我們都可看出胡品清偏好傳統的愛情小說，一種布爾喬亞式
的文學，作品中總是少不了綿延細緻的心理分析，運用的法文也
是古典的優雅法文。舉例來說，《某夫人》這本小說中的愛情偽

5　《廣告女郎》以第一人稱書寫。敘述者是莫朗（Morlan）眾議員，全書透過他
　　的獨白，帶出他的回憶、夢想、想像，一些不連貫的意念，像是一種意識流的
　　寫法。句子有時不完整，支離破碎，充斥著名詞化組合，暗示這位犯案兇手內
　　心的惶恐不安。

裝與殘酷的遊戲，也有評論家形容它是一本微型的《危險關係》（*Les Liaisons dangereuses*）。[6]

　　從這個脈絡來看，胡品清翻譯莒哈絲似乎顯得特殊，令人不解。順帶一提，胡品清也曾經編著過一冊《法國文學史》，該書的編撰原則有點依循法國傳統文學教學派拉卡德和米夏教授（Lagarde et Michard）的文學史觀。[7] 選擇翻譯莒哈絲因而具有雙重的特殊性：首先，在敘述技巧上來說，莒哈絲的書寫越來越摒除傳統小說的敘述模式，她的小說逐漸地擺脫一切的華彩裝飾，任何構成傳統小說引以為豪的特點，像是描寫文、夾敘夾議的解釋或分析都令她感到浮濫不實。其次，就書寫來說，莒哈絲越來越邁向一種巴特在《寫作的零度》（*Le Degré zéro de l'écriture*）中提到的「無風格」。胡品清為何會對莒哈絲產生興趣，並且翻譯了數本她的小說？特別是莒哈絲轉折期的小說，《如歌的中板》就是屬於這一時期的作品。當然，胡品清本身是文學教授，因此多少是站在整體文學史傳播的立場來譯介。然而，除了教學上的需求，更應顧及一種個人情感的連結。不論莒哈絲的作品如何具有顛覆性，不論她的書寫如何去除華麗，胡品清之所以對莒哈絲小說情有獨鍾，特別是因為作品中一種獨特的女性聲音的湧現，作者運用的修辭產生一種詩意性，即便這個詩意性就是克莉絲提娃（Julia Kristeva）所說的「彆腳的修辭」（La rhétorique de la maladresse）。（233）

6　參見原文封底出版社引用的Marcel Arland的書評。

7　這類型的文學教材建立在一種傳統文學評論法，按照世紀的劃分，依照作家年代編排，選輯作家代表作片段，提供註解。

事實上，在胡品清完整翻譯的莒哈絲小說中，共同的特徵就是書中蘊含強烈的女性意識。在《如歌的中板》中，女主角安妮‧德巴赫特（Anne Desbaresdes）嫁給一個實業家，十年來她生活在布爾喬亞階級的秩序中。婚後過著百無聊賴，行屍走肉般的生活，但她保有一股敏銳的感受力，足以促使她反抗這道束縛她的規範；1982年出版的《大西洋人》，[8] 寫法像是一位女子寫信給一個棄她而去的男子。這部作品像是一封長長的書信，女子娓娓道來她內心的創傷，講述缺席，叨絮死亡。文本中不斷出現一個受話對象「你」，讓這本小說充滿單音獨白的效果，就像《葡萄牙修女書信》（Lettres Portugaises）。雖然篇幅不長，用字精簡，但作品中呈現了一種詩意與女性感性的結合。《情人》則更可解讀成一種女性自傳，年邁的敘述者重拾昔日的人生片段，回顧「生命中最青春、最可歌可泣的年華歲月」（8）。雖然《情人》以碎片、不連貫的方式書寫，但敘述循著一道傳統線性的原則發展，鋪展出一則愛情故事，顯示女性在破碎殘垣中打造自身的故事。

　　在此稍微提及譯者與她翻譯的小說家相似之處。胡品清以情詩和自傳性獨白體散文見長於台灣文壇。有些散文讀起來像是遙寄遠方不在場的「你」的情書，作者像是對著這個不在場的「你」叨絮呢喃，以抒情口吻講著自身的遭遇。譯者本身關於愛情的沉思，對於存在荒蕪感的抒發，都可以在莒哈絲的小說中找到尖銳的回音。譯者與作者之間深刻的相似性，以及對於愛情抱

8　這個譯本後來又與莒哈絲的另一個短篇〈工地〉共同收錄在《丁香花──近代法國名家「新」小說選》。

持類似的觀點，在胡品清的翻譯任務中扮演著催化的作用，彷彿翻譯「她者」時，譯者也在翻譯自身。

　　然而，我們並不特別要在傳統小說與莒哈絲小說之間一較高下，我們更應關注的是，這些文學作品對譯者而言都是同樣具有魅力，對她的影響都是同樣深刻的。胡品清自然嚮往傳統小說那種華麗絕美的風格，就像福樓拜、莫里亞克或是朱利安・格林所傳承的那種風格，然而莒哈絲則是以內在私密的層面讓她深深著迷。莒哈絲的「白色書寫」（écriture blanche）自然不同於寫實小說所傳遞的那種「精神飽滿」的書寫典範，但這並不影響譯者在翻譯莒哈絲時所發現的樂趣。不論是哪種文類，文學本身其實就是把一種情感置入形式中的做法。我們甚至可以說，莒哈絲的書寫讓譯者得以不再侷限於禮教化、過度「馴化」的法語，充斥著純正主義者講究的那種傳統法語修辭，譯者從而可以更加潛入作者的內在。跨越了寫實語言那種虛假的外層，文法嚴謹的措辭，胡品清更能以愉悅的情感越渡到莒哈絲的書寫中，畢竟莒哈絲的小說有時會出現許多名詞化的組合，未完成的句子，句法破碎不連貫，有時出現一些不規律的留白。換言之，翻譯莒哈絲讓譯者一方面跨越了法語吹毛求疵的精準性，參與了敘述話語情感表露的運動。也因為有這些情感連結，胡品清更能夠與莒哈絲的女主角合而為一，翻譯她們情感的輪廓。

　　翻譯的創作性就在於原文與目的語之間的間隔，譯者可以自由發揮，留下蹤跡，畢竟世上沒有完美無瑕的對等語，譯者多少必須創造、編織、發明。拉赫波（Valery Larbaud）也發表過類似的論調，闡釋翻譯補償性的功能：

對於一個孤獨的人來說，對於一個或許孤立無援，沒有朋友的人來說，翻譯的樂趣最為純粹，也最為深刻。翻譯一部我們喜歡的作品，再沒有比這個更加深入掌握的了，純粹閱讀並無法帶來這般的樂趣，翻譯是一種全然的享有，我們得以佔有這一份文本。（585）

當然，拉赫波這段話適用於翻譯傳統小說，同時也適用於莒哈絲的小說，但至少我們可以區別譯者在面對這兩個不同的語言層次時，此間的樂趣自然是不一樣的。一邊是傳統小說壯麗風光的描寫，心理分析對人性幽微的剖析，另一邊則彷彿是一種互補，樂趣來自於從這些奇異的敘述背後，捕捉到情感的相似性，召喚著譯者的主觀性。

在此，我們並不採用辯證觀點來探討這場分裂，胡品清的做法正是一種文學建立的文明／公民性，透過翻譯，她實踐了一種公眾和私密的任務。莒哈絲讓她得以在文本中穿梭，透過他者的皮膚表達自己，彷彿在自己的內在進行。同樣地，她的翻譯將莒哈絲「從不可卒讀、無法發聲、意義闕如的印刷文字中拯救出來」（Larbaud 584），賦予莒哈絲一種吸收力，使其具備可分享特質，從而得以在另一個不同的文化環境中續存。

三、莒哈絲在台灣：接受與共享

翻譯一本喜歡的作品，與他人分享這部作品，但同時，譯者多少會改變原文的本意。無論譯者如何忠於原文，過程多少都是在拆解，為了讓原文能在別處，以另外的面貌再生。文學翻譯可

以視作一種可分享的連結，但也必須注意到所有的連結都有截斷的可能。莒哈絲在台的譯介過程中就製造出不少不算錯誤，但也不正確的刻板印象，我們必須重新審視，妥適還原。我們可以發現，這些刻板印象產生的原因層出不窮，有可能是個人因素，也有可能是政治社會因素。總之，這些都源於文學本身具備的一種共享的風格。

1. 莒哈絲，新小說家？

　　第一個誤解就是把莒哈絲歸類為新小說家。即使今日，在台灣，莒哈絲的這個身分已經根深蒂固，幾乎無法改變成見。在《如歌的中板》的譯本中，譯者一開始便放入了一份譯序，篇名〈法國「新」小說淺論〉。這個周邊文本的作用令人想起莫泊桑（Maupassant）出版《兩兄弟》（*Pierre et Jean*）時的〈序〉，或是十七世紀時，俞埃（Huet）為《札伊德，西班牙故事》（*Zayde, histoire espagnole*）所寫的〈序〉。[9] 這兩份序的作用都在於捍衛正文所傳遞出的某種文學觀。這類型序文的作用通常類似在下指導棋，引導讀者如何閱讀接下來的內文，胡品清的譯序蓋棺論定地將莒哈絲歸入了新小說的旗幟下，領袖就是羅布—格里耶。

　　除了在序言中將《如歌的中板》定位成新小說，譯者還在小說正文之後，譯介了許多新小說家的作品節錄，例如羅布—格里耶的《妒》（*La Jalousie*），畢鐸（Michel Butor）的《變心》

9　法國文學評論家俞埃在1670年曾幫《札伊德，西班牙故事》寫了一份序，文章名稱是〈論小說的起源〉。

（*La Modification*），這樣的做法又加深了莒哈絲即新小說家的迷思。

關於新小說的刻板印象也不斷累積，最後變得根深蒂固。彷彿只要寫作的方式不屬於傳統小說模式，就可以歸類為這個實驗性文學派別。的確，正如孔帕儂（*Antoine Compagnon*）在《理論的幽靈》（*Le Démon de la théorie*）中曾說道，1960至1970年間，寫實主義幾乎成了「文學理論中的過街老鼠」（125），一個敘述只要出現以下症狀：沒有描寫文、人物個性不明顯、情節孱弱，就可以被診斷為新小說。《情人》的翻譯又加深了與新小說的相似性，書中的症狀有：心理時鐘與生理時鐘的混淆、第一人稱與第三人稱交替使用、標點符號任意取消、描寫文薄弱化。

當然，《如歌的中板》也被評論家視為莒哈絲創作生涯的轉折點，特別是因為莒哈絲把這本小說委託子夜出版社出版。小說也的確挾帶著大量新小說的主要特徵，例如混亂的時間順序，沒有一個傳統定義的敘述者，大量運用對話，沒有人物心理之描述。然而莒哈絲試圖脫離傳統敘述，只採用一種樸實、無過多裝飾的書寫，但不曾想過要加入任何新理論的路線。她自認為是新小說的「局外人」（outsider）。在一份敘述中，她真正關注的是內在經驗，內在經驗大於一切，從而不應受任何約定俗成的敘述技巧所框囿。

2. 獨傾女性主義，忽略反殖民論述

莒哈絲從未認為自己是新小說家，同樣地，她也從未真正以女性主義小說家自居。然而，在台灣，莒哈絲的主要頭銜之一就是女性主義作家，她的書寫也被稱為「女性書寫」（écriture féminine）。莒哈絲開始被台灣讀者認識的階段，台灣當時女性運動正風起雲湧，主要的精神在於對抗性別的不公，撻伐父權社會的權威對女性造成的壓迫。女性主義在1970至1980年間相當流行，主要是透過英美語系的教授譯介來台的。女性主義的觀念並非來自台灣，而是透過英美學界傳入台灣的。克莉絲提娃、西蘇（Hélène Cixous）、依蕊格萊（Luce Irigaray）是主要的女性主義學者，台灣的女性主義者最常使用她們的論述來定義女性主義。

　　莒哈絲的形象鮮明，是現代獨立自主女性的代表，她不在乎別人的議論，作風大膽，只做自己，就像《如歌的中板》中的女主角。在晚宴的那一場景，安妮身為女主人，理應招呼所有的賓客，妥善打點現場，可是她卻把自己喝得酩酊大醉，甚至還推辭了別人送上來的菜餚，完全不理會布爾喬亞社會最重視的規範。晚宴有一定的禮儀規範要遵守，而女主角的表現卻是不得體。然而，小說的敘述立場卻是比較偏向安妮這一方。莒哈絲在晚宴這一幕運用了一種諷刺的手法，透過食物、賓客，嘲諷布爾喬亞階級，彷彿這場精緻的晚宴變成了一種俗民社群中的狼吞虎嚥。整個場景只有安妮置身事外，不構成嘲諷的對象。

　　有時，女性叛逆的主題也將莒哈絲的小說導向女性文類的閱讀。可以看得出來，閱讀莒哈絲經常會與傳統愛情小說混為一談，書中「盡是愛情、情人、情婦……」。[10] 1970至1980年間，在台灣，有兩位女性小說家特別引起關注：第一位是瓊瑤，

10　此處引言來自《包法利夫人》。福樓拜敘述女主角在修道院迷戀的讀物都是一些言情小說，充斥著浪漫愛情的刻板印象。

擅長撰寫羅曼史類型的小說，一系列的小說打造了她的「愛情王國」。除了風花雪月的愛情小說，還有電影和連續劇的改編，在台灣引領了一股愛情小說的風潮。另一位常被提起的作家是張愛玲，當時張愛玲在台灣的影響與日俱增，甚至有所謂的「張學」出現。這股對女性大眾文學的風潮，對翻譯文學不無帶來影響，特別像莒哈絲的小說也都與女性、愛情有關。「就像在一場交響樂中，小調伴隨著主題，莒哈絲小說的主題強調了愛情，愛情就是莒哈絲小說世界的核心。」（Vircondelet 15）的確，莒哈絲的有些作品都是在探討這個無時間性的主題。胡品清翻譯《如歌的中板》時，基於翻譯的可親性考量，最後把標題更動為「安妮的戀情」，而這樣的調整似乎也把焦點擺在安妮與壽凡之間無出軌的婚外情。

　　戰後台灣經歷了戒嚴與白色恐怖，[11] 莒哈絲的作品在台灣會偏向女性的閱讀也無可厚非。女作家的作品也經常探討兩性情感，思索愛情的本質。只是，女性主義的比重往往遮蔽了反殖民主義論述，畢竟莒哈絲的作品很明顯地充斥著對殖民主義的反抗，《抵擋太平洋的堤壩》就是一個例子。小說中的主題是「殖民地的荒淫無度，殖民行政官的貪瀆腐敗」（154），書中字裡行間可看見對殖民的深惡痛絕。事實上，可以這麼說，莒哈絲從認識世界以來，就遭受著殖民主義所造成的不公不義，對此亦有

11　1949年戰後台灣文壇主要是由來自中國的菁英與學者主導。他們抵台之後，佔據了文學界或文化界重要的位置。當時的作家強調國家主義的意識形態，大力撻伐共產主義的階級思想。1949年以後，在所有的文化領域中，主政的國民黨將共產主義妖魔化。國民黨禁止大多數1949年以前在中國出版的西洋書籍，台灣文學界形成了一個空窗期，年輕的台灣作家則透過外國書籍尋找新的靈感。

深刻的反思，畢竟自己也深受其害。正是因為深受其害，莒哈絲對於1950年針對印度支那提出的教條式口號才無法默不作聲，坐視不理。令我們好奇的是，為何莒哈絲的反殖民論述未能在台灣造成迴響？何況台灣的後殖民處境——日治時期的殖民經驗，以及1949年國民政府撤退來台——應該更能使人認同莒哈絲書中的殖民論述。或許我們可以說，因為《抵擋太平洋的堤壩》在台未有譯本，以致於反殖民論述似乎從一開始就被忽略。[12] 而《情人》中只斷續破碎地影射到殖民問題，不足以引起讀者關注，特別是本身對莒哈絲創作歷程不清楚的讀者來說。也因此，莒哈絲在台的接受情況，正如我們之前所述，在一種政治集權的背景之下，反而被接引至一種更軟性、泛布爾喬亞式的閱讀，偏重女性主義而忽略反殖民論述。我們也可以說，台灣的政治處境導致了閱讀上的扭曲，反殖民的層面遭到縮限，縮到只剩下一抹淡淡的女性主義印記。

反殖民和左傾的政治論述在這段文學傳播的過程中完全被排除在外。莒哈絲的女性主義論述被出版社和譯者不斷詮釋。即使在1987年台灣解嚴之後，出版社持續將莒哈絲置放在自由女性的位置上。鍾文音的兩本書可說是一種從女性主義視野出發而寫成的旅行文學作品：《情人的城市》（2003）和《最後的情人》（2015）。鍾文音經常透過媒體講述莒哈絲，引導讀者閱讀女作家的作品。在台灣文壇，鍾文音的作品通常歸屬情感小說範疇。

台灣長期處在權威獨攬的體制下，文學的概念逐漸與政治鬆

---

12 即使2006年聯經出版社發行了一系列大陸翻譯的莒哈絲作品，依然沒有收錄這本殖民色彩最重的小說。

脫，然而文學與政治應該是密不可分的。文明／公民性的概念正可以讓我們意識到文學及其政治關聯性。也可以讓我們抵制一種主流的評論觀點，也就是認為莒哈絲的作品與社會、政治現實無關，重新探掘這半個世紀以來莒哈絲作品中涉及的法國殖民體制的殘暴。台灣的學界與作家或可進一步將反殖民論述與國民黨統治以來在思想上的殖民結合來重新審視。

3. 從情色主義到「情慾教母」

反殖民的論述消失了，這個莒哈絲童年的印度支那，住在小木屋的生活，變成了一種異國情調。洛瓦（Claude Roy）曾經發明了一個詞彙「莒氏亞洲」（Durasie），略帶諷刺地指稱莒哈絲作品中獨有的亞洲世界。同樣地，在《情人》中，一個亞洲男子與白人女子上床，也使情色的層面蓋過其他面向。其實小說中大膽描寫男女情愛已是司空見慣，不足以大驚小怪。然而，導演尚一賈克・阿諾的改編扮演了一種媒介化的角色，將莒哈絲的閱讀更加引導至情慾的解讀。視覺效果總是凌駕文字的耐心解讀。胡品清翻譯的《情人》，再版時，出版社放入了許多擷取自電影的劇照，其中包含了男女主角一絲不掛躺在床上，「陽光穿越了市集，穿透了百葉窗」（53），照在他們兩人身上，彷彿整本書最重要的地方就是這場床戲。中國情人溫儒、身形薄弱的形象，由港星梁家輝擔綱演出，正是由於他那種白面書生、溫馴從容的身影。在這個由碎片拼貼的自我敘述中，傳遞出的卻是一種情慾主義的情色。2019年，電影《莒哈絲的漫長等待》（*La Douleur*）在台放映時，海報上面的文宣把莒哈絲形容成「世界文壇情慾教母」。某種程度上來說，莒哈絲的作品似乎被扁平

化、樣板化了：

> 的確，存在著一種莒哈絲「效應」，讓莒氏神話無限延伸，
> 但有可能會導致莒哈絲語言的力度遭到削減、溶解。因為莒
> 哈絲發明了一種詩意散文，其中或許有誇大的部分，有加強
> 的部分，以及反覆重提的論述，但也留下許多空白，甚至是
> 緘默無聲的部分。（Crippa 8）

　　儘管莒哈絲在台的譯介多少會有這些變樣或庸俗化的情況，
但至少莒哈絲的作品還是為台灣作家帶來新的靈感。這場文學翻
譯的傳播之所以具有文明／公民性的意涵，並非在於外國文學的
傳入強制提供了一些規範，或是在外國文學與在地文學之間產生
了層級上的落差，值得一提的是，譯介莒哈絲開啟了台灣作家書
寫的新路徑，同時也產生了一些迴響，彼此之間可能相互衝突，
但是卻是自由且共通的。文明／公民性並不在於打造一些文本的
詮釋，並宣稱這些詮釋乃唯一的路徑。透過文學翻譯，我們可以
從文學傳播的方式來審視文學本身。我們並不需要特別撻伐對莒
哈絲過度神話或扭曲，文學的民主價值就在於接受上的柔韌性。

結論

　　胡品清翻譯的小說大致可分為傳統小說與莒哈絲小說。綜觀
她所有的法國小說翻譯，我們可以說莒哈絲的地位相當奇特。譯
者偏好文學史所認可的這些傳統小說，但她同樣喜歡，甚至更喜
歡莒哈絲小說所具有的魅力。兩種文學類型帶來兩種不同的魅

力：傳統小說令人讚嘆之處在於它美好的風格，章句華麗的裝飾，而莒哈絲那種不加綴點、不願過度修飾的敘述也同樣可以引人入勝，激起反感或令人著迷，掀起創傷或是帶來狂喜。傳統小說透過美好風格而吸引讀者，就像巴爾札克那種模擬現實的風格。而莒哈絲的小說則在於顛覆傳統僵滯不變的典範。胡品清的文學翻譯兼容並蓄，涵蓋了這兩類型的文本，突顯出文學本質上所具備的可分享特性。

此外，莒哈絲在台的譯介也可以用文明／公民性來理解。莒哈絲譯介到台灣，帶來了閱讀熱潮，引發了許多不同但相通的詮釋。這些反應也都不乏明確的證據：莒哈絲的作品引發了女性主義的閱讀、情慾閱讀，而作者本人則經常因為評論者的方便行事，而被歸入新小說家。然而在這些膚淺的表面背後，真相不斷逃逸，莒哈絲依舊是一個無法捕捉的作家，依舊複雜、豐富，能夠在不同的背景之下引起更多的對話。例如，反殖民論述應可在台灣引起更多的迴響，畢竟台灣也經歷過類似的殖民經驗，而這一部分的論述則屬於尚未在台實現的部分。然而，莒哈絲作品中的反殖民批評必定能夠在台灣學界引起迴響，因為文學傳播本身就是一種不斷延異，可衍異的路徑，可促成不同觀點的交流，正如 艾倫‧玫蘭─卡吉曼所述：

> 當文學的流播是依據轉渡的體制進行，文學傳播所預設的群體，所建立出來的群體，並不服從於身分忠實性的典範，而是開闢了一些紛爭與衝突的可能。文學變成了一種引人注意的神聖之物，因為這個物件傳遞給社會這個想法：即便共享也可以意見相左。（84）

接收的途徑開闢了一道自由、無拘限的主觀空間，也因為吸收了不同的多重詮釋而變得豐富。

（中譯：林德祐）

參考書目

中文：

雨連‧格林著，胡品清譯，《她的坎坷》，台北：大漢出版社，1977年。

胡品清，《法蘭西詩選》，台北：桂冠圖書，1976年。

胡品清編譯，《丁香花——近代法國名家「新」小說選》，台北：楓葉出版社，1985年。

馬赫索著，胡品清譯，《廣告女郎》，台北：水牛出版社，1980年。

莒哈絲著，胡品清譯，《安妮的戀情》，台北：翻譯天地雜誌社，1977年。

莒哈絲著，胡品清譯，《情人》，台北：文經社，1985年。

莒哈絲著，胡品清譯，《偶遇〈初戀〉（隱地與袁則難編）》，台北：爾雅，1987年。

莫里亞克著，胡品清譯，《寂寞的心靈》，台北：幼獅文化，1969年。

莎岡著，胡品清譯，《怯寒的愛神》，台北：大漢出版社，1975年。

莎岡著，胡品清譯，《心靈守護者》，台北：志文出版社，1976年。

聖艾克徐貝利著，胡品清譯，《夜間飛行》，台北：水牛出版社，1978年。

葛雷德夫人著，胡品清譯，《二重奏》，台北：志文出版社，1980年。

福樓拜著，胡品清譯，《波法利夫人》，台北：志文出版社，1978年。

薇慕韓著，胡品清譯，《某夫人》，台北：水牛出版社，1978年。

薇慕韓著，胡品清譯，《邂逅》，台北：黎明文化，1984年。

法文：

Roland Barthes. *S/Z*, Paris, Éditions du Seuil, 1970.

Madeleine Chapsal. *Quinze écrivains. Entretiens*, Paris, René Julliard, 1963.

Antoine Compagnon. *Le Démon de la théorie*, Paris, Seuil (1998), coll. «

Point/Essai », 2001.

Simona Cripa. *Marguerite Duras*, Saint-Denis, Presses Universitaires de Vincennes, 2020.

Marguerite Duras. *Moderato Cantabile*, Paris, Les éditions de Minuit, coll. « double », 1958.

Marguerite Duras. *Un barrage contre le Pacifique*, Paris, Gallimard (1950), coll. « Folio Plus », 1997.

Marguerite Duras. *L'Homme Atlantique*, Paris, Les éditions de Minuit, 1982.

Marguerite Duras. *L'Amant*, Paris, Les éditions de Minuit,1984.

Hu Pin-Ching. *La Littérature Française*, Taïpei, Hua Kan, 1990.

Huang Shih-Hsien. *Marguerite Duras et Taïwan : transmission, médiation, réception*, Thèse de doctorat, Université Paris 3 Sorbonne Nouvelle, 2019.

Julia Kristeva. *Soleil noir*, Gallimard, Folio/Essais, 1987.

Valéry Larbaud. *Sous l'invocation de Saint Jérôme*, Gallimard, 1963.

Hélène Merlin-Kajman. « Civilité: une certaine modalité du vivre-ensemble », *FLS*, Vol. XXXIII, 2006, pp. 205-219.

Douglas Robinson. *Western Translation Theory from Herodotus to Nietzsche*, Manchester, St. Jerome, 1997.

Alain Vircondelet. *Marguerite Duras ou le temps de détruire*, Paris, Seghers, 1972.

從酷寒之梅到甘甜番薯：
以文學教材和教育論述中的植物象徵
試論「文明進程」之落實在台灣

喬安娜Joanne Boisson、甘佳平、葛尹風Ivan Gros

前言

　　這篇論文選定探討的是台灣的文學與文明／公民性（civil-ité）之間的關聯，研究對象專注在國小國語課本中的植物隱喻[1]。

　　本研究乃接續先前我們合作的另一個有關隱喻的研究，即「台灣總統大選競選活動中出現的各種動物隱喻」[2]，當時根據的是德特利（Catherine Détrie）提出的一個看法：「若能將隱喻加諸他人，即能強推其世界觀」[3]。這句話今日看來依然很有道

1　本論文三位作者特別感謝國家教育研究院（https://www.naer.edu.tw/）研究人員的協助與幫忙，因爲他們從中幫忙和引導，方能順利完成建構本論文的研究客體。

2　Ivan Gros, Chia-ping Kan, Tanguy Lepesant. "Le Patrimoine imaginaire de l'humanité : quelques figures d'exception dans le bestiaire politique franco-taïwanais", in *Bestiaires entre Orient et Occident. Représentations, utilisations et instru-mentalisations*. Édité par Ivan Gros et Paul Servais. Louvain-la-Neuve, Academia-L'Harmattan, 2017, pp. 111-145.

3　Catherine Détrie. *Du sens dans le processus métaphorique*, Paris, Honoré Champion, 2001, p. 135.

理。我們以實證的方法，觀察教科書中的隱喻，研究這一可滲入他人意識和世界觀的利器，來試著了解教育體制是用以箝制或者解放思想：是用來控制群眾或者喚起個人的醒覺，這兩極目標可能促使文明／公民性的發展。我們稍後將會試圖定義文明／公民性的概念。

有關台灣史和植物隱喻的連結，當然不是我們第一個建立的。李昂的小說《迷園》便曾描述朱影紅的家族坐落在台北城中心的庭園，代表的是「台灣島的命運：這個庭園原本就很美麗，後來改用來自中國的樹種為主，規畫成一個中式的庭園，1960年代，又因為重新整理，改回栽種熱帶植物。來自大陸的樹種因而先是與更適應島嶼氣候的樹種並存，而後，慢慢為之取代。」[4] 於是，松樹為楊桃樹所取代，山毛櫸換成了「典型的台灣種」熱帶鳳凰木，從此「園內洋溢著台灣味」，同理，李樹也被木蘭花、含笑花、灌木蘭、梔子花和桂花所取代。這本小說也就隨處都有植物的隱喻，藉以闡明台灣政治史和教育方面的思慮。花園的隱喻、文明／公民性和民主和劇情緊密相連：

> 可是台灣的莿桐不落葉，硬要學大陸樓旁種梧桐……
>
> ……以往為了要學大陸林園，不僅建築物，連樹也要種得類似，然而辛苦覓來的大陸生長的樹，卻不見得適合台灣。種些與本地氣候不協調，長不好的樹，倒不如種台灣本地的

4　Sandrine Marchand. *Sur le fil de la mémoire. Littérature taïwanaise des années 1970-1990*, Lyon, Tigre de papier, 2009, p.193. 引自 Gwennaël Gaffric, *La Littérature à l'ère de l'Anthropocène*, Le Pré-Saint-Gervais, L'Asiathèque, 2019, p. 211.

花木。[5]

桑德琳（Sandrine Marchand）在她一篇關於台灣文學的論文〈在記憶之線上：1970-1990年代台灣文學〉（*Sur le fil de la mémoire. Littérature taïwanaise des années 1970-1990*），有一章節名為「庭園：自然的田園詩觀點」，提到：「這部小說的真正主角無疑就是這座庭園，是由朱氏家族的祖先於清道光年間（1821-1850）建造的，這位祖先是一名海盜，也因如此，他從族譜中被除名。這座庭園的源起和台灣歷史的源頭相連，尤其和同是出身海盜的國姓爺有了關聯。」[6] 作家李昂透過台灣「極樂田園」（*locus amoenus*）主題式的描繪，配合花園的隱喻，刻畫了朱影紅的感性覺醒。確切來說，李昂試圖表達的並不只是性的解放而已，更是整體民情風俗的解放，交融著身體和思想的自由。值得注意的還有有關朱影紅的父親的敘述，文人出身的他曾遭受國民黨政府的迫害，故提到他從祖先那繼承下來的這個花園時，他堅持要和這種「來自中國的修飾」[7] 決裂：

前人在書房旁種欅木，自然是取其音，希望能中舉。這種封建思想，現在既不合時宜，早就不該有了。……

如果有一天，台灣真能有民主，哪怕不是歐美、日本的民主，只要有一點民主新意，不再是每個人充滿世代為君的觀

5　李昂，《迷園》。台北：麥田，2006年，頁98。

6　Sandrine Marchand. *Sur le fil de la mémoire. Littérature taïwanaise des années 1970-1990, op. cit.*, p. 192.

7　*Ibid.* p. 175.

念，那麼台灣人就有福了。（頁100-101）

　　如此，他不只讓植物的隱喻和政治體制有了連結，同時也將
政治體制和文明／公民性一併思考。他所想像和推崇的民主，他
所期待的子女教育，乃建立在美、日的影響上[8]，使台灣孕生出
自己特有的文化[9]，催生「一個」特出而鮮明的民主。他振振有
詞地告誡女兒：「綾子[朱影紅的父親拒絕說漢語，都這樣叫
她]，記得，台灣不是任何地方的翻版，任何地方的縮影，它就
是台灣，一個美麗之島。」[10]

　　我們的分析程序與李昂的小說家直覺有深刻的共鳴。我們將
說明這個以花園來象徵國家轉型的故事，如何在台灣人的意識中
有極為具體的存在。令人驚訝的是，我們發現小說中花園的轉變
和我們在教科書中所觀察到的情況相吻合，也就是外來種植物和
本土植物隱喻，兩者之間的分野。教科書確實見證了在台灣不同
世代的學校體制，年輕學子所曾經歷過的，從教條化到解放的歷
程。透過這些植物隱喻的研究，不只能說明政治宣傳如何有力地
運作，且能透過文學的觀點，分析這當中的缺失。[11]

8　「綾子同我一樣，在日、美雙方都受教育，既能持續東方文化傳統的根源，又
　　能開拓西方的現代精神，是我希望綾子能有的基本教育。……年少在異鄉的諸
　　多奇趣事蹟，自由自在無有拘束。」李昂，《迷園》，同前註，頁202-203。

9　「從歐洲遊學回來，開始接管朱家經營的事業，致力要將朱家辦的台灣第一所
　　現代高中辦好，推廣文化運動喚醒台灣人不再接受異族統治。」同上註，頁
　　235。

10　同上註，頁114。

11　當然，台灣教科書也很可能只是受到了當代自然書寫的影響，使有關植物的描
　　寫越顯其重要性。從政治層面切入，試著將植物書寫與國族隱喻做連結，試著
　　從中爬梳出一定的演變，是本研究想要嘗試呈現的面向。

在詮釋研究資料中的各種植物隱喻並開始分類之前，首先，須介紹本研究的理論框架，也就是如何將轉渡性理論運用於台灣的事例上；其次，將說明採用「課本」進行研究的原因，以及植物隱喻與教育之間的關聯何在；最後，再說明數位分析和語言學方法如何有助於建立我們的研究客體，並協助我們進行研究。

第一節 台灣的文明／公民性理論與文學

本研究中的 *Civilité* 意指：在具有自主性的個人之間建立超乎政治、超乎司法以外的關聯性，在此，自主的個人指的是擁有自由意識的人，因人與人之間相互認同關聯，使彼此間共識共好。不同於一般認知的禮儀節度，只一味強調遵從待人接物之道，我們或許可以用「關懷他人或外人」（xénophile）一詞來做簡單區分。

這個特別的關聯，艾倫·玫蘭—卡吉曼（Hélène Merlin-Kajman）定位其誕生的時空是在歐洲，尤其在宗教戰爭之後的法國，一個新的政治體系，亦即極權制來臨時。為了民間的和平，個人從此不得再參與公共事務，而隨之而來的結果是私領域和公領域的分離。弔詭的是，個人雖被迫退出，卻也導致某種正向的作用，即促使文學創作前所未有地發展。於是，不得介入政治，對應的是從「修辭學或雄辯術」的時代（此時公共言論為當權者之專利）轉向了「模擬再現」的時代（個人被迫採取虛構敘事的迂迴途徑發言）。就是在這樣的時空背景中誕生了「美好文學」（les Belles Lettres）、談吐的藝術、書寫和口語之間的區別、正確語法理論等——這些實踐演練，足以讓「內心深處」（le *for intérieur*）得到抒發——同時也蘊生了艾倫·玫蘭—卡吉

曼所謂的「新文明性」（«nouvelle civilité»）[12]。倖有文學的存在，「個人經由其內心深處與他人得以重新連結」[13]。艾倫‧玫蘭—卡吉曼參考精神分析學家唐諾‧溫尼考特的學說，沿用其理論中的「轉渡」（«transitionnelle»）一詞來定義文學在人與人之間能建立意識連結和助於「打造社會」（*faire société*）的特性。

這個文明／公民性的觀念在幾個方面與夏克（David C. Schak）的著作《文明性及其發展：台灣與中國的各自經驗》（*Civility and its Development: The Experiences of China and Taiwan*）有所呼應。社會學家夏克提出有關文明性的界定，定義為「彼此關懷與尊重」[14]，其著作內容為他長時間對兩地的觀察

---

12 在她多部著作中皆有描述這段複雜的歷史進程，其中一段如下：「從這個共同體將產生新的文明性，但無關個體尊嚴。在十六世紀，這個名詞指稱的是市民性（la citoyenneté），即對一個城邦或國家的忠誠歸屬。到了十七世紀，文明性（應對進退禮儀）是圍繞著社交談吐所形成，半個體（因為無關公共事務）半公共（因為流通於居家範圍之外），指涉的是一種共在感，但獨立於臣服君王的政治關係之外」（Hélène Merlin-Kajman. *La langue est-elle fasciste?*, Paris, Seuil, 2003, pp. 106-107）。

13 Hélène Merlin-Kajman. *L'Animal ensorcelé*, Paris, Ithaque, 2016, p. 461.

14 「關於文明性，我指的是行為和形塑行為的態度，在台灣名為『公德心』，在中國叫做『文明』，根據不同的英文語境，可對應英語字詞 *civilized, civility* 或 *civilization*。就最基本的定義來講，文明性是指對他人的關注與尊重，尤其是對陌生人，甚至在一般的情況。主要意味的是將他人認定為同胞，與之共享人性，一般而言，就是認同對他人沒有惡意，對他人表達起碼的禮貌，抱持儒家精神的金律來對待他人：己所不欲勿施於人。對他人的文明態度還可擴展到公共空間及公共設施。每個人在公共空間和公共設施前都有相關利益，為眾人所共用共享。因此，對於任一者的破壞都是不文明的行為，與傷害他人的私產無異」（David C. Schak. *Civility and its Development: The Experiences of China and Taiwan*, Hong Kong University Press, 2018, pp. 6-7.）。

和研究分析。

　　然而，將這樣的文明性觀念套用在台灣，在我們看來有許多方面的問題。舉例來講，根據夏克的看法，文明性若照他狹隘定義會是指一種歐洲歷史發展出來的觀念，晚近才輸入到中國[15]，而到了台灣才特別發展起來；又據夏克所言，這樣的文明性縱使曾經由強制措施和接二連三的政宣運動所致，卻只有在近年的民主環境中才真正發展起來。在他看來，似乎是政治體制而非文化上的差異，使得台灣有別於中國，進而說明了文明性何以在台灣更為彰顯。和一般定見相左的是，他所認定的台灣社會特有的文明性並非出自日本在台附帶留下的影響。他又認為這樣的文明性無關數十年的威權統治，也非得自儒學的活躍推展[16]。照夏克的看法，一直要等到1990年代文明性才出現於台灣，在此之前則完全不存在，好似兩岸的任一威權政府無論如何進行宣導，皆對文明性的發展毫無作用。然而，根據夏克所言，即使在中國有著「同樣的文化」，卻只有在台灣，文明性的層次才忽然大為躍升，而他的研究正是基於這樣的看法作為起點。

　　這樣的研究取徑，有兩點在我們看來特別值得商榷。一方面，我們無法同意社會學者夏克的說法，他以為文明性只是外來輸入的一種概念。但文明性亦可存在於民主的框架之外，更何況

15　cf. *Ibid.*, p. 84.

16　儒家似乎並非特別是公德心的指引！為此緣故，李國鼎在1982年的一篇文章中提議要在傳統的「五倫」（五倫本是儒家的中心思想：指的是君臣、父子、夫婦、長幼兄弟、朋友的倫理關係）之外，再加上第六倫：「第六倫是關於個人與社會之間的道義關係，召喚無邊的愛」。1991年甚至成立了一個基金會，專門推動六倫（cf. *Ibid.*, p. 128.）。

有關文明性的政宣早在民主時代來臨前也曾在台灣達到一定的成效。[17] 另一方面，我們亦不同意其另一個研究假設，即不認同台灣的文化在1990年代政治體制轉化之前和中國的文化是一樣的。把中華文化當成是單一的，這種預設定義會造成諸多問題，但並非我們在這篇論文所能處理的。然而，台灣隨著進入民主時代，其文明性也確實有著非常深刻的轉變；正是針對這個過渡進程的背景，我們打算探討華語國語課本中所曾教導的文明性。

台灣的文明／公民性是伴隨整個民主運動的諸多元素所共同產生的。夏克提醒我們，創生台灣認同的漫長形塑歷程是始於面對威權的抗爭。即使該運動老早之前已開始，但尤其是在蔣經國時代各項重大事件以更具體的方式展開。1970年代，各種異議團體結集行動，起初是為了次要的議題進行抗爭，比如先有關於環保的議題，繼而再擴展到其他關注的問題上；而縱然一再地受到壓迫，名為「黨外」的政治反對陣營仍然得以倖存，黨外雜誌（如1979年七月發行的《美麗島雜誌》）總是想方設法印行出

---

17 關於教科書，務必要注意的是其政宣目的在國民黨政權來到之前已存在於台灣。有論文藉由兩則用以鼓舞民心的故事來探討日本的殖民政策發展（指吳鳳的神話和沙鳶之鐘），這些故事講述的，其實是如何將原住民從「野蠻生番」的地位轉向「國家子民」的地位。該研究指出日本官方如何回收再利用中國的民間故事，以便「教化」被殖民者。起先，為了加劇「台灣漢人」與「土著」之間的對立，將前者視為「文明化」，後者視為「野蠻」。日本對在地人民的第一階段征服政策，因1931年的霧社事件而遭受挫敗，接著欲將日本定位於等同西方國家的「文明國度」層級，並將其自身殖民事業的野蠻行徑內化。吳鳳的神話尚且留存在台灣的課本內，直到1990年代為止（Leo Ching. *Savage Construction and Civility Making: The Musha Incident and Aboriginal Representations* in Colonial Taiwan, positions 1 August 2000; 8 (3), pp. 795-818. doi: https://doi.org/10.1215/10679847-8-3-795）。

版[18]。

艾倫・玫蘭—卡吉曼的論點和夏克的論點有一重要的共同之處，也就是上述定義的文明／公民性之躍升預設了自由的言論表達，且更強調自由意識的發展。而意識的自由，又與「內心深處」[19] 透過文學和藝術實踐而發展，有著密切的關聯。即使文學不是夏克分析的核心議題，文學仍與文明性的發展過程全然並進。[20] 夏克倒是簡略提及 1970 年代特別關注台灣本土題材的文學發展，並以為當時的鄉土文學和民主運動之間曾有重要的關聯。[21]

意識的自由確保個人的自主性，又與文明／公民性的孕生有著「親密」（intimement）的關聯。這意味的是文明／公民性的觀念所涵蓋的標準規範並不是強制而來的，而是出自同屬一群體的每個個人的自由。依照夏克的模式，亦如艾倫・玫蘭—卡吉曼的模式也一樣，文明／公民性並沒有源自高層的規定標準；要產生文明／公民性，意識的自由才是不可或缺的條件，而最有利於產生文明／公民性的政體別無其他，必然是民主制度。兩方的論

18　David C. Schak. *Civility and its Development, op. cit.*, p. 125.

19　「內心深處」的隱喻涉及反思場域的內向化，是集權勢力將公共領域沒收的後果。「內心深處」以發展知識分子的實踐為其推論，並與文學新形式的具體表現有關，而新的文學形式既要有「意識」也力求「感性」。

20　David C. Schak. *Civility and its Development, op. cit.*, p. 123 et sq.

21　文化方面的在地化運動與世代的動盪有關：真正屬於台灣的文學發展算是彌補了戰後的斷層，這多少牽涉到此前的許多本地作家在戰後被迫放棄日語改用中文。同時，也可注意書籍出版的多元化轉變。夏克「離台四年後於1990年初返回台灣時，很震驚地發現書店裡足足有六平方公尺的專題書櫃空間全都展示著台灣歷史、習俗、宗教等各方面的著作，這些題材都是早先時代曾嚴格限制，甚至受到禁阻的。」*Ibid.*, p. 132.

點因而都推翻了有關極權主義與文明性的一貫成見：艾倫‧玫蘭—卡吉曼便指出並非極權主義強制了行為模式，而夏克也指出極權政權試圖強制的文明形式無法見效。兩種情況來看，規範皆非強施可得，而是自由地得到贊同的。

這樣的政治社會進程——介於禮儀節度和文明／公民性之間——催生出一個更具公民價值的社會。在我們試圖評析的國語課本當中便可觀察到此一進程的實現。

文明／公民性的孕生並非自發產生的，而是經由一個複雜、暴力、不受控的歷史的產物；是在經歷過極度粗暴的階段之後才得來的。人們並非從一個總體強制的政權（法國的極權君主制，台灣的軍事獨裁統治）直接進到一個自由法治的政權；也只有在自由法治的制度下，文明性才足以表徵絕大多數個人與個人之間的關係。往昔的暴力顯然在今天的民主現狀中仍留下了殘痕。我們甚至可以提出一個假設，說文明／公民性的維持，取決於群體對於暴力的記憶鮮明度。而留存歷歷在目的記憶方才賦予文明／公民性存在的意義。台灣錄像暨造型藝術家雪克（Shake）的作品便呈現了台灣公民社會中依舊殘留的威權遺痕[22]。她在多部影片中記錄學校裡法西斯式結構所遺留的各種跡象（脫帽致敬禮、愛國歌曲、軍樂舞步等，在解嚴之後依然存在於學校中）。即使現今仍可見到，台灣表現猶為特出的青少年編舞能力和團隊活動，其根源或許就來自於早先時期的學校軍事化教育訓練。雪克

---

22 此處提醒讀者切勿混淆藝術家雪克和前述的社會學家夏克。也可參考雪克另一件2019年的影像裝置作品《1989》，「影片經由小學朝會儀式重回校園空間，進而檢視一段摻揉了規訓、政治宣傳與大眾文化經驗的童年記憶。」http://shakeorangebud.net/

在其錄像作品「我們的組曲」（《隱沒帶》（*The Subduction Zone Series*）三支短片的最後一支），請了一個劇團到台灣的一處地震帶中心演出，即橫跨歐亞陸板塊與菲律賓海板塊的交界處，這個特殊的地帶，她詮釋為上個世紀撕裂島嶼之地緣政治衝突的隱喻。一群穿著學生服的少年在一部帶有愛國意涵的兒童節目結尾片段（演職員表字幕出來時）表演「歡迎來我們這一家」（我們都是一家人，而「家」在此又可理解為「國家」），所唱的歌詞逐漸和軍樂旋律的軍歌（「赴戰」）混融在一起。這段舞蹈的靈感即是直接得自檔案紀錄片、儀式性的學校生活文化，以及藝術家個人的回憶。[23]

第二節　台灣的國語課本與文明性

　　艾倫‧玫蘭─卡吉曼的著作《語言是否法西斯？》（*La Langue est-elle fasciste?*）析論法國的文學教科書何以被1970年代某些現代思潮的知識份子解讀成「法西斯思想」的宣傳工具。她解釋說，戰後現代性的一大抗爭是要把疑似與政權共謀的語言加以解構，語言在此被認為是社會奴役人民的主要媒介。由於如此，現代性的批評言論導致古典文學再現符碼的瓦解。以傅柯和巴特[24]的理論為主，繼而有布迪厄和近期的梅里尤（Philippe

---

23　「除了地景之外，雪克也在影片中納入敘事元素的建構，比如歷史檔案、個人回憶、學校活動、文化儀式，融入電影書寫的藝術實踐中。」http://shakeorangebud.net/index.php/2016/-the-subduction-zones/

24　巴特於1969年所寫的〈對於一本教科書的省思〉，是艾倫‧玫蘭─卡吉曼的分析客體。巴特對於古典文學教學的指控頗具有當時的代表性，他指責 *Lagarde et Michard* 系列教科書是教條化的工具，且很快地這樣的指控成了一種典範，進佔了教育地盤，且以一種社運行動的視野向了一種新的接觸文學與教授文學的

Meirieu）的理論接棒，教師群已將這幾位學者的有些理論吸收消化，其對語言的不信任感毫不遲疑地傳授給了一整個世代的大中小學學生，因而學生只得臣服在雙重的指令之下：既要吸收知識，又要解破隱蔽知識的騙人陳述，知識與反知識已然互相混淆。而這種矛盾雙面性，不只出現在教科書內，也見於青少年圖書，和各種各樣的考試和競賽中，成為創傷內容不得已的承載者。其結果是：孩子們太早就不再相信語言有為世界代言的能力。公民教育計畫中本應涵蓋的批判精神，這一來只剩下推崇無差別性的普遍質疑。 艾倫‧玫蘭—卡吉曼借德勒茲的用語指控這種「分離的軍火庫」只會破壞整個教育體系（學校、家庭、育樂中心等），學童到頭來非但沒有審慎思考而後才有的批判力，反而導致不感恩、不敬重、缺乏文明／公民性（不知待人處事）而最終還可能導向暴力。事實上，把教科書批評為規範化與臣服的導引者，這樣的批評在以前，比如說戴高樂時期的法國，或許還有點道理，但是對於已經吸收現代性批評的教師群而言，已沒有同樣的存在理由了，這些教師應該讓教育體系擔負起發展及解放社會的使命。

　　在台灣，情況非常不同。法國當初圍剿古典語言的論戰，在台灣可能沒有確實可相比擬的情境。雖然近年來關於教科書的論爭顯示了類似的憂心，但激起問題的首要焦點是歷史課本。本論文的重點是：戒嚴時代以政宣為目標，使教育成了臣服奴役的手段。現階段該鼓勵的，則是提升教科書成為下一代思想解放的指

方式，即「向集中、古典的文學神話抗爭」及其預設的政治操控（Hélène Merlin-Kajman. *L'Animal ensorcelé, op. cit.*, 2016, pp. 18-19）。

引方針。[25]

　　若比較台灣和中國的歷史課本，可以發現在內容和教法上有極大的差異。近年的一份研究（〈同樣的中國歷史，不同的兩岸教科書〉，2018年8月）[26]，由兩位BBC華語台的記者周衛和王凡所完成，強調課程和教科書內容方面的差異，也突顯了歷史教學是民主制度的重大課題。中國大陸的學生在課堂上反覆背誦的是「台灣是中國神聖領土不可分割的一部分」，相對的，台灣的學生從1994年起開始接受「去中化」的課程，把台灣歷史和中國歷史區隔開來。一邊是教科書受到政黨和馬克思教條的集中控管，另一邊是由民間私人編輯及圖書市場推出的多元化教材。一邊是充滿攻擊性的教條，而一些悲劇事件（如天安門的鎮壓）已隱沒於死胡同內，另一邊則試圖以平和的觀點和勇氣來面對歷史（二二八事件的共同記憶）。專研台灣教育問題的學者古蔚明（Vladimir Stolojan-Filipesco）針對近年有關歷史課綱和教科書

25　在教育的論述中，批判精神可以視為解放的要素。夏克曾以一本1985年的暢銷書《野火集》（「中國人，你為什麼不生氣」）為例，龍應台以一代學人之代言者之姿指出各種造成不文明的原因，其中就包括當時教育無法培養批判精神。不過，這篇文章本身後來也引發爭論，如羅肇錦在〈當然，中國人不生氣〉可為之見證（David C. Schak. *Civility and its Development: The Experiences of China and Taiwan, op. cit.*, p. 129）。

26　〈同樣的中國歷史，不同的兩岸教科書〉，周衛、王凡（BBC中文記者），2018年8月17日：https://www.bbc.com/zhongwen/trad/world-45195207?ocid=socialflow_facebook&at_custom4=F89685BC-9647-11EA-9578-9EE4923C408C&at_custom3=BBC+Chinese+ (Traditional) &at_custom2=facebook_page&at_campaign=64&at_custom1=%5Bpost+type%5D&at_medium=custom7&fbclid=IwAR1uFNuFZLt-_qu_DOaRH_msxWOQlJbsZ31frziSLSY5EuDuZVbG4Tk6gtA

的論戰撰寫了多篇論文。[27] 他從一個特定的事件切入分析，即
1997年出版的《認識台灣》——這本課本致力於提升台灣文化
資產的重要意義，與過去中華民族主義的年代相較，明顯劃出了
斷層——最後，他在結論中指出，這是以國家的層次有意識地負
起在地化歷史課綱的政治性挑戰。[28] 在台灣，教育改革一旦涉及
歷史方面，總是變得十分敏感，不過，若涉及的是中文與「中華
文化」的教學改革，所引發的論戰規模也毫不遜色，因為涵蓋的
課題和挑戰是同樣的。像文言文教學所引發的論戰便相當具有啓
示性。嚴格講，文言文文體包含上自西元前220年的漢末時期，
直到二十世紀初的文獻，是教授中文以及中國思想文化不可或缺
的一環。這類文章文字緊湊，必要掌握一定的詞彙知識才能讀
通。研究這些格外隱晦的古文總是牽連到保守的教學實踐方法：
學生要練習熟背和默寫的功夫。2017年曾有提出討論是否將國
高中國語課程的文言文課文比例限縮到百分之三十。但刪減文言
文教材的意願，就某些人看來是不可容忍的去中國化企圖，可是
對其他人而言，則認爲這是針對退步思想之必要的現代化改革。
最後，取得上風的仍是保守派，在整體的中文課本內，文言文的

---

27 他等於是延伸、擴充了高格孚（Stéphane Corcuff）的研究（« L'introspection Han
à Formose, l'affaire des manuels scolaires *Connaître Taïwan* », *Études chinoises, 20*,
2001, pp. 41-84），後者首開眾多相關議題的研究。

28 1997年針對高中出版發行的《認識台灣》是關鍵事件。這套教科書介紹歷史、
地理、社會科學，過去的教科書固定集中在介紹中國和改朝換代的經過，這套
新的教科書因而與之有很大的不同。它也開啓了陸續出版的教科書和課程，以
及一系列冗長的相關論戰（Stolojan-filipesco, Vladimir. « Enseigner l'histoire à
Taïwan: l'impossible concorde? », *Critique internationale*, vol. 76, no. 3, 2017, pp.
167-188）。

比例依然佔總量的45%至55%。[29]

　　蔣氏政權很早就極為重視學校課本內容。如果說戰後現代性主張的學者將文學教科書批評為奴役思想的管道，這種看法在法國現今的時空背景下，已顯得過時，甚至有濫用之嫌，但是相對的，在台灣的情境卻仍是適用的，其中或有法西斯傾向也並非全然無中生有的影射，不像法國當代知識份子有時為圖方便而濫用此一誇張的批評，再毫無差別地用來描述法國社會。

　　夏克因研究文明性，自然也關心教育制度的問題。他從中國和台灣兩方的教科書研究中得出的看法是，台灣和中國對文明性與非文明性有著同樣的觀念，並且也有同樣的相關作法。此外，他所分析的教科書是分在兩個不同的時期，1949年之後以及1990年之後。由此，他明白確認撼動中國社會與撼動台灣社會的意識形態深層轉變。[30] 起初教科書的制定是做為政宣的工具，後來則成為思想解放的指引，以及意識形成的管道，包括激發對公共資產議題、環保問題的關注，進而推動文明／公民性。這正是台灣教科書改革的一大課題。我們的分析在許多方面也將證實他的分析。

　　本研究尚且涉及了一個更廣大的客體，也更有系統性，而且與夏克不同的是，我們僅專注在台灣的教科書和中文的教學；過去的編撰者將語文的教授視為介紹中國文化的管道，而後來的人則越來越認定語文教科書應作為介紹台灣文化的管道。

29　關於這場論爭的編年史：http://debate.udn.com/debate/48.html。

30　David C. Schak. *Civility and its Development: The Experiences of China and Taiwan*, *op. cit.*, p. 9 ; cf. p. 122.

過去，台灣的語文課程所佔分量很重（中文課或國文課的比重佔全部課程的30%左右），除此之外，其教學的政治特性也無庸置疑。社會學家羊憶蓉在1994年發表的論文著作《教育與國家發展》[31] 便明確指出了「台灣教育的政治性角色」。她將研究重點放在蔣介石在1968年親自指定（且不說命令）必修的兩種科目上[32]，且這兩科目一直施行到1990年代，1998年才從課程中撤下（新編纂的版本直到2001年才發行）。兩種科目指的是小學的「生活與倫理」和中學的「公民與道德」，當時是用以教導學童「如何生活，如何做人」，如何「愛國家、愛同學、如何過團體生活、遵守規矩，確實服從中國人的文化與道德，成為一個堂堂正正的中國人」。蔣介石尚且明確指示要分外努力的幾大方面是：「一般守則」、「食的方面」、「衣的方面」、「住的方面」、「行的方面」、「育樂方面」。

　　二次世界大戰後，國民黨退居台灣島，廣泛的教授「北平話」，此舉被認為是「獨尊國語」[33]，而語言是一種「工具」[34]，也是國民黨統治最有效的工具。正如一位老編輯王鼎鈞所見證的，中文的教科書裡「充斥著滿滿的意識形態」。在起先

31　羊憶蓉，《教育與國家發展》，台北：桂冠，1994年。

32　這兩門科目於1950年代由蔣介石指定，一直持續到1990年代。相關連結：http://www.ccfd.org.tw/ccef001/index.php?option=com_content&view=article&id=835:0004-128&Itemid=256。

33　請參考 *Evolution of the Curriculum Views in Taiwan's Elementary and Secondary School Textbooks: The Study of Oral History*, Taipei, National Academy for Educational Research, 2016, p. 21.的序言。1962年的教改規定小學一至六年級共有2,700小時的國語課，1993年度改革後變成2,240小時，2008年出版的課綱不再有任何強制規定。.

34　*Ibid.*, p. 32.

的四度教學改革（1952, 1962, 1968, 1975）過程中，教授中文的目標是：「1. 培養愛國精神；2. 認識中國固有文化道德；3.強調反共抗俄及反共復國的目標。」[35] 為此，1968年成立的「國立編譯館」壟斷了台灣島上的所有教科書出版。隨著1987年解除戒嚴法，以及1993年的改革，教科書開始正視時代的改變以及在地的文化；從那時起，小學三到六年級的教科書納入了「鄉土教學活動」的課程[36]。至於國立編譯館也不再壟斷教科書的出版，自2003年起，小學課本已正式不再由國家出版了。[37]

　　過去，國立編譯館藉由教科書得以廣做政令宣傳，其明言的目標就是要訓練「學生」使他們成為「堂堂正正的中國人」。教科書的課程設計者必須符合國民黨政府的要求，而這並非總是簡單的工作，王鼎鈞（作家、知識份子、教育家）[38] 就以關於一篇名為〈一顆種子〉的事件作為例證：

> 還記得舊版的課文裡有個故事，國王得到一顆奇花異卉的種子，種在他的御花園裡，始終不見發芽。……一個老農夫撿了去，種在自己的田園裡，開出美麗的花朵來。大家對著課文沉默了幾分鐘，說一聲『刪』，就刪掉了，沒有人說理

35　*Ibid.*, p. 30.

36　另為配合本土意識日增的興趣與國際化的教育漸受重視，特決議在國小三至六年級增設「鄉土教學活動」課程。*Ibid.*, p. 31.

37　這樣的結果是經過了十年漫長的解除歷程。

38　王鼎鈞是多本暢銷著作的作者，其中包括《開放的人生》。他在其創作生涯的開端專門為青少年撰寫讀物，比方《文路》。他的許多文章皆被收錄在課本中。

由，沒有人問理由，心照不宣。[39]

　　這顆種子應該是要影射中華民國，國王則代表古老的中國，年邁的農夫是指蔣介石自身和台灣。文章提到種子需要「自由的空氣」[40] 才能生長，大家都能充分了解其隱喻的意思，也知道這會令國民黨的領導高層感到不悅，所以非刪不可。

　　王鼎鈞當時是在處理 1968 年課程的新文章。這個插曲在多個方面對我們而言頗具意義。它說明了國家意志為了主導台灣人民行為舉止的「文明化」，企圖透過自我規訓和微妙的意識強制管束來進行[41]，除此之外，這則插曲有趣的是其中提到的「教育論述」和針對孩童的「教材文章」內包含了一個典型的植物隱喻。我們打算針對教科書探討詮釋的，正是其中出現的這類植物隱喻。

---

39 根據專訪王鼎鈞（2014-03-07）（*Evolution of the Curriculum Views in Taiwan's Elementary and Secondary School*, *op. cit.*, p. 40）。

40 這篇原先以〈一顆種子〉為題的文章並非如王鼎鈞所講述的情況，其實在 1968 年之後仍一直保留在課程中，但改名為〈一顆神奇的種子〉。如 1993 年的課本內還有這篇，但有改動了一個小細節。1968 年之前的版本如下：「因為他知道：種子如果沒有泥土，沒有水分，沒有肥料，沒有陽光，沒有自由的空氣，無論如何都不會生長起來的。」而 1968 之後的版本是：「因為他知道：種子如果沒有泥土，沒有水分，沒有肥料，沒有陽光，沒有新鮮的空氣，無論如何都不會生長起來的。」（https://mj9981168.pixnet.net/blog/post/199494525）為了使文章去政治化，雖然只有一個形容詞被改動，但可不是隨便改哪個字：改的是「自由的」空氣，換成了「新鮮的」空氣，無疑是選換了一個比較普通，比較沒有意識形態的字眼。

41 「有關小學教育的措施最能反映當時代的政治需求。本研究說明了 1975 年之前的教科書委員會成員必須承受來自高層審查、政策控管以及集體討論時的壓力」（*Evolution of the Curriculum Views in Taiwan's Elementary and Secondary School*, *op. cit.*, p. 40）。

第三節 教育論述中的植物隱喻

　　教科書其實可納入範圍更廣泛的文章總合，即「教育論述」（discours sur l'éducation），整體構成一種文類，自成一格，夏玻妮爾（Nanine Charbonnel）將之界定為「教誨式」（boulé-phorique）[42]，也就是說這種文類擔負著告誡的功能，或說具有「載道」的使命。為了檢視這種獨特的文類，夏玻妮爾特別觀察教育論述和植物隱喻之間的共存關係（concomitance）[43]。有兩種互補的隱喻經常出現：一是「兒童就像一株植物」，另一是「老師就是園丁」。比如洛克（John Locke）知名的著作《教育漫談》（*Some Thoughts concerning Education*）[44] 便一再出現這樣的隱喻手法（leitmotiv）。這些表述屬於教誨式，必當以一種接近「道義」（déontique）的模式來詮釋，但是就語意上來講，又與命令式語句並不相同，比如像這樣的句子：「必須把兒童視為植物」。

　　無論如何，教育和植物隱喻之間的關係既常見於古希臘羅馬

42　「與讀者的特殊關係到底何在？不是相鄰、多餘、假設的關係，而是如同一種（關於書寫、閱讀的）契約：這種關係我們將會用一個最包容廣泛的詞解釋為『忠告』。伊拉斯莫斯在他於1528年所撰的Ciceronianus（攻擊當時仿西賽羅的拉丁語所撰寫之學術論文）重新啟用荷馬所用的一個希臘字Boulèphore，我們在此建議採用，但不是像伊拉斯莫斯那樣做一個人物的名字，而是形容詞化，用以界定教育論述，因為教育論述正是文以載道的極致表現。」（Nanine Charbonnel. *L'important c'est d'être propre*, Strasbourg, Presse Universitaire de Strasbourg, 1991, pp. 83-4）。

43　Nanine Charbonnel. *Les Aventures de la métaphores*, Presses Universitaires de Strasbourg, 1991, pp. 33-34.

44　Anne Dromart. « Le Maître jardinier: les métaphores de l'éducation dans Les Pensées sur l'éducation de John Locke » in Denis Jamet, *Métaphores et perceptions*, L'Harmattan, 2008.

的文獻[45]，也常見於先秦時代的思想文獻中。舉例來講，植物隱喻是儒家倫理的核心，一再強調如何約束本性，以「培養」德性：「玉不琢不成器，人不學不知道」。[46] 植物的隱喻，尤其是樹木，便經常出現在《論語》和《孟子》中。（草和風、米、枝枒、田園、樹木等）植物的隱喻，可說是「有機」隱喻之下的一個次項，有機隱喻針對的是整體，其下可分爲各局部。這些隱喻用以說明人皆可受到「栽培」，但也同時用以區隔出一個政治管理專司階層的菁英，以及隨時待命、服從的忠貞群眾。[47]

我們會愼重區分課本引用的植物隱喻和教育論述中的植物隱喻。這兩類的句子有時容易混淆，然而沒有什麼眞能保證教育者提出的教導處方不會直接出現在他們教授的文章內容裡。教科書內出現的植物隱喻（竹、李花等）和教育論述中的隱喻（「兒童是一株植物；老師是園丁」[48]）不必然有關聯。即使在我們的研

45　Marine Bretin-Chabrol. *L'Arbre et la lignée, métaphores végétales de la filiation et de l'alliance en latin classique*, Collection Horos, Jérôme Million, 2012.

46　請參閱其出處 Albert Galvany (2009) « Discussing usefulness: trees as metaphor in the Zhuangzi », *Monumenta Serica*, 57: 1, 71-97, DOI: 10.1179/mon.2009.57.1.002.

47　Albert Galvany (2009). « Discussing usefulness: trees as metaphor in the Zhuangzi », *op. cit.*

48　有個實例源自一則台灣的媒體報導（「新課綱上路高師大附中：很平靜」），是關於 2015 年教科書內容改革的論戰，高師大附中的校長鄭卜五認爲：「學校是塊園地，學生是種子，老師是園丁是農夫，農夫施肥不應『劃地自限』，以免讓幼苗營養不夠均衡；高師大讓學生接觸新課綱，反而更能幫助學生了解課綱爭議的全貌」。https://tw.news.yahoo.com/%E6%96%B0%E8%AA%B2%E7%B6%B1%E4%B8%8A%E8%B7%AF-%E9%AB%98%E5%B8%AB%E5%A4%A7%E9%99%84%E4%B8%AD-%E5%BE%88%E5%B9%B3%E9%9D%9C-042922238.html

究客體（課本）當中也有看到諸如「母親像一個盡責的園丁」[49]的句子，但這樣的例子畢竟不多。相對的，「童年」和「自然」的聯想往往構成一個普遍的框架，在此框架內，兩種言語（教科書的內容和教育論述）有對應互通的可能。但要如何解釋「自然」和「童年」的並現呢？是出自「純潔」的意念（非常具有盧梭式的意味），亦即對童年和自然共通的這個意念嗎？

舉例來講，我們在1952、1962、1975、1993年度的國語課程標準（簡稱課綱）裡的「教學要點」和「教材實施要點」找到「自然故事」一詞，屬於「敘事」類。在1952年的課綱裡，針對「自然故事」有如下表述：「用擬人體描寫自然物的生活和特徵的故事」。在1962和1975的課綱裡，「自然故事」的定義如下：「描寫我民族利用自然物如蠶桑、農漁、舟車、器物、指南鍼、紙筆、火藥、醫學、陶冶、建築，以及現代科學機械等發明故事」，同時必須將發明家打造成英雄的形象，以啓發年幼學童的愛國心。然而等到1993年的課綱，已不再有這種以愛國心為目的的大自然工具化（l'instrumentalisation de la nature）。

自然和童年透過自然故事而並現，或許可用共通的「純潔」意念來解釋。不過，在此情況涉及的是屬於原初的純潔，表達的是根據愛國精神的邏輯，將大自然與母國結合，或表達回歸祖先的土地、恢復中華文化的意願。認為「中華文化」與大自然保有優先特權的關係，這種想法普遍存在於知識份子和教育學者之間。李煥這段話便足以證明，他曾為馬以工和韓韓所著的《我們

---

49 「萎縮的葉，一朵早凋落的花，都逃不過她的眼睛。母親像一個盡責的園丁」（Championnats）。

只有一個地球》作序，他寫道：「中國人一向被認爲是最了解自然、最欣賞自然、最契合自然、最能與自然和諧相處的一個具有哲學色彩的民族」[50]。李煥可不是等閒之輩，是1984年當時的中華民國教育部部長，在蔣經國底下擔任國民黨秘書長，然後還在李登輝擔任總統時，於1989至1990年間任行政院長。居於這種地位的政治人物會宣傳這樣的成見自然非同小可。[51] 這顯然已說明了植物隱喻所背負的意識形態，其政治意涵就充分展現在教育語境中。

第四節　台灣教科書的研究範疇

我們的研究客體包括1945到2016這70年間出版的67本國小國語課本。教材來自四間台灣的圖書館與機構：國家圖書館可查到不少從1945到1956年間出版的課本的電子檔，前幾版更是以台灣年輕學子爲對象在中國就編寫而成的。國家教育研究院則提

50　李煥，〈熱愛廣土衆民〉，《我們只有一個地球》（韓韓、馬以工著）序言（台北：九歌文庫1983初版；1990十八版），頁4。

51　關首奇認爲所謂的「中國文學與哲學的自然觀」的想法很有問題……因爲「一方面，這個想法和中華民族主義式的雄辯修辭有關，即宣稱有一種『生態文明』卻違反其歷史。另一方面，如果眞的在中國思想和自然之間有一種思潮，其高度的多元性也不可能形成統一而全面的觀點」（Gwennaël Gaffric. *La Littérature à l'ère de l'Anthropocène*, Le Pré-Saint-Gervais, L'Asiathèque, 2019, pp. 65-67）；「中國的環境史也顯示中國古代的政治權力從來不是一種依生態學統治管理的典範，甚至恰恰相反」（*Ibid.*, p. 69）。關首奇認爲中國傳統對於台灣自然書寫的重要性並不大，反而是來自美國的自然書寫影響或許更大（*Ibid.* p. 76）。亦請參考 Jean-Yves Heurtebise, Gwennaël Gaffric. « Zhuangzi et l'Anthropocène: réflexions sur l'(auto) orientalisme vert », *Essais, Revue Interdisciplinaire d'Humanités*, n° 13, 2018. pp. 17-32. https://journals.openedition.org/essais/439

供一套從1968到2001年間出版的統編本實體教材。我們接著掃描2001年後由民間業者出版的教材，有南一、康軒、翰林，主要保存在教科書圖書館與國立清華大學南大校區。我們利用Google雲端平台上針對漢字的文字辨識工具（OCR）來截取數位化教材的文字。最後，再加入所有小學生都必須參與的朗讀比賽的文章，線上可取得共430篇。與同期的教科書相比，這些在近十年內被學校選用的文章呈現出不同的意識形態，並不依循官方對於國語課本最新的指導原則。

我們將研究客體分成五個時期，分別反映出台灣在教科書內容政策上的演變。我們可以取得的最早的教材是在國民黨來台後引進的，似乎編於1945到1956年間。其後，國立編譯館完全主導了教材的編寫，從該館成立到專斷結束前，我們再細分為兩個時期，以對應1975年與1993年不同的教材準則。最後兩個時期則包含開放後民間業者出版的教材，分別是2005年左右與更晚近的2016年。

我們在教材語料裡加入具有圖象介面的搜尋引擎，以便更輕易地找出植物隱喻。以我們對台灣與植物的認識來搜索文檔裡的用語，系統性地檢測某植物詞彙是否與某些觸發隱喻或類比意味的文字線索同時出現，好比「如」、「好像」、「像」、「一樣」，藉此在語料裡找出植物隱喻。[52] 教材的電子檔每頁都編有文章索引，萬一文字辨識工具出錯，就可以很方便地查對原文。文檔索引的編排是依照時期、 教材版本、學期、課程。共有12

52　例如：「那青青的新芽，像一排排稚氣的小孩，長得多麼可愛！」

出版社＼時期	1945到1956	1975	1993	2005	2016	總計
國立編譯館	117589 / 16	230691 / 24	116672 / 12	0 / 0	0 / 0	464952 / 52
翰林	0 / 0	0 / 0	0 / 0	43764 / 2	47216 / 2	90980 / 4
康軒	0 / 0	0 / 0	0 / 0	37898 / 2	48600 / 2	86498 / 4
南一	0 / 0	0 / 0	0 / 0	26711 / 3	78578 / 4	105289 / 7
朗讀比賽	0 / 0	0 / 0	0 / 0	0 /0	327790 / 430 文章	327790
總計	117589 / 16	230691 / 24	116672 / 12	108373/ 7	教材＋比賽：502184 教材：174394 / 8	1075509 / 67

表一 按出版社與時期分類的教科書規模（字數／教材數）；2016年的總計欄位標出計入與不計入朗讀比賽的數字。

個學期，對應小學六年。我們只掃描了南一、康軒、翰林三年級（第5、6個學期）與六年級（第11、12個學期）的教材，這個選擇是爲了節省電子化的時間，又不失爲在包含足夠文章的教材裡保留兩個不同的教學階段。課本的字數隨著學年遞增，課文上干擾文字辨識工具的注音符號也從三年級起遞減。其他時期的教材則包含了每個學期。表一就是我們按出版社與時期將研究的教科書歸類的結果。

　　隨著時間推移，中國與中華民國的稱呼在教材裡越來越少見，[53]（圖一）而臺灣一詞則自始自終都常在，在1993的教改年

53　「孔子」一詞也是如此，在1993年教改後其使用就驟減。反之，「花」這個最常用來表達花的意思的字，其使用則隨著時間有顯著的增長。

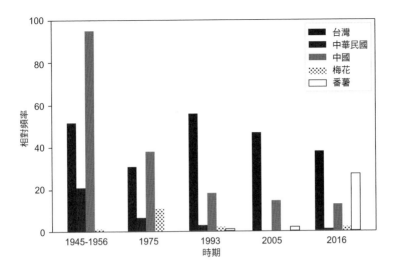

圖一　集中的長條圖代表在我們劃分的每個時期內，每個詞出現的相對頻率（代入指數105）：中國254次，台灣／臺灣307次，中華民國54次，梅花29次，番薯／地瓜各爲41與11次。台灣的兩種寫法算在一起，若中國與台灣這兩個詞不在課文或練習裡就不列入計算。這裡列出的頻率不包括朗讀比賽的文章。

更曾達到小小的高峰。本文的題目就是由代表台灣與國民黨兩個重要的象徵而來，分別會在第一及第四章討論其演變：梅花在1975年的教材準則下很常見，而甜薯在1993年先以「地瓜」的稱呼低調出場，接著以「番薯」之名橫掃2016年的教材。[54] 我們選定的植物隱喻在每個階段出現的頻率都不規則，這些植物詞彙也並非全屬隱喻用法。不過，當某個隸屬研究主題的詞在十年

54　這兩種植物引進台灣的時間其實非常早。番薯（學名 *Ipomoea batatas*）原生於中美洲，十七世紀初之前就引進台灣；梅（學名 *prunus mume*）是在1660年左右從中國引進島上。潘富俊，《福爾摩沙植物記：101種台灣植物文化圖鑑&27則台灣植物文化議題》，台北：遠流，2014年，頁300-301。

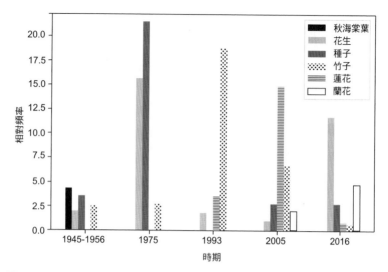

圖二 集中的長條圖代表在我們劃分的每個時期內，本文將分析的六個植物詞彙出現的相對頻率（代入指數105）：秋海棠葉5次，花生61次，種子61次，竹子39次，蓮花21次，蘭花10次。這裡列出的頻率不包括朗讀比賽的文章。選定的詞彙在探討的一或兩個時期裡出現的頻率有明顯的高峰，但在研究的七十年間不存在一定的常態。

或二十年間的小學課堂上反覆出現，我們便假設其隱喻與字面用法都發揮了他們在國族想像的影響。圖二代表這些詞彙當中的六個出現的高峰，以每個階段的相對頻率來看。比數計算方式如下：$S_{tp} = \dfrac{t_p}{c_p} \times 10^5$。$t_p$代表在$_p$階段該詞出現的次數，$C_p$則代表該階段的總字數。圖一與圖二中計算的次數不包含朗讀比賽的文章，以便比較類似的成套資料裡用語頻率的高低。反之，我們會在下文中的討論納入這些文章。

　　註釋裡引用文章的索引方式如下：時期，出版社，出版日，學期，課文。例如，由國立編譯館根據1975年的教材準則，在

1990年印刷，第10學期第三課的課文註釋如下：1975，國教，1990，10，3。同一篇文章有時全文不變，有時會隨著不同時期增減，就像我們先前提過需要「自由的空氣」才能生長的種子。朗讀比賽文章的引文則簡單以「比賽」來標註，全數取自台灣各城市近年的選文。我們取得的最早的三種教材沒有標明學期，這種情況我們註記為「-」。

第一章 獨裁政權強行植入台灣的「世界觀」

根據不同的教育政策目標，教科書承載的內容隨著時間而改變。毫無意外，我們發現了第一個系列的愛國隱喻，與撤退到台灣的國民黨的意願相呼應，意圖使島上的人民服膺其光復大陸的計畫。

其中，好幾種象徵抵抗與堅忍的植物都連結到中華民國，構成一種好戰的政治與道德的論述。這些植物與其他象徵中華文明的植物相對立，既象徵其細膩與精緻，也象徵過去帝國時代的脆弱。

體現國民黨以振興與光復中國大陸為國族計畫的植物是「梅花」，在我們研究的教材裡很常出現（32次），尤以1975年課綱準則下的國家統編版教材最密集。

梅花從1928年起就是中華民國的象徵花卉，當時台灣仍處日治時期，接著便成為國花強加於島上的居民，特別是從1964年起。梅花很早就出現在一篇題為〈我們的國花〉的文章中，彰顯意義重大，摘錄如下：

我國從唐朝開始，就以牡丹為國花，一直沿用到清朝。牡丹
濃豔芬芳，是花國之王，被稱為國色天香，自然有它雍容華
貴的氣象。但是，牡丹花雖然濃豔卻不夠堅忍，雖然芬芳卻
未免嬌弱，無法表現中華民族的特性。因此，中華民國奠都
南京之後，政府在民國十七年底，正式宣布以梅花為國花。
梅花有三蕾五瓣，正好象徵三民主義和五權憲法。[55]

這篇文章很清楚地傳達一種政治意圖，意即選擇一個能體現
中華民國企圖的花卉象徵，將之與象徵滿清帝國政治與軍事衰弱
的牡丹相對立。

在中國傳統的象徵裡，梅與松、竹是所謂的「歲寒三友」，
梅花象徵春天的重生。[56] 轉移到國民黨在台灣的國族論述的象徵
系統內，梅樹與梅花同時代表了不向敵營屈服的決心與光復大陸
的迫切。

梅花也是孫中山思想中的花卉隱喻之一，他是「三民主義」
的作者，公認的現代中國國父。梅花的國族地位，也來自於其五
片花瓣可以取代1928年中華民國的五色旗，在國民黨的國族意
識形態裡代表了組成中國的五個民族。[57] 梅花的象徵佈滿了台灣

---

55 1975，國教，1994，12，2。

56 「冬之樹，因其花開早於所有其他植物，又無葉，象徵春天的重生與永春。」
Maurice Louis Tournier. *L'Imaginaire et la symbolique dans la Chine ancienne*, Paris,
L'Harmattan, 1991, p. 234.

57 「梅擁有所謂『四種高貴的特質……，重量不重質，貴成熟輕草率，取纖細捨
豐腴，重親密勝過公開展示』。……關於梅花五片花瓣的象徵意義詮釋眾多，
特別是跟五福神的關聯。在共產政權開始前，梅更是中國的象徵花卉（代表
了官方承認的五個『民族』：漢族、蒙古族、穆斯林、滿族、藏族），後來五

在獨裁政權下的日常，比如，這也是蔣經國之妻Faina（蔣方良）最愛的花。

雖然梅花是一個主要的象徵，它也屬於從外國導入並強加於台灣年輕學童的一整個系列的外來象徵。其他無法詳細討論的植物象徵也與梅花相互結合，以迎合國民黨的論述。再一次，目的在於灌輸台灣青年學子犧牲的精神與為國深切奉獻。

例如，在1945-1956年這時期的教科書裡，中國有六次被類比為具有其領土形狀的秋海棠葉。[58] 有篇課文描述一堂地理課，老師向學生這麼說：

> 上看中國像一片秋海棠葉，上看臺灣像一片芭蕉葉。[59]

這裡可以做出很多對比：中國的細緻對比代表台灣粗澀的芭蕉葉。在另一篇課文，秋海棠葉受到一條貪吃蟲的威脅，這蟲長得像可恥的日本的國土形狀，喚起中日戰爭的回憶。

> 老師站在地圖旁邊，拿著一幅圖給大家看，上面畫著一片秋海棠葉，又畫著一條毛蟲。老師說，這裡秋海棠葉的位置，正是地圖上中國的位置。這裡毛蟲的位置，正是地圖上日本的位置。這裡畫著毛蟲爬去吃秋海棠葉，就是表明從前日本想侵中國。[60]

顆星取代了它們的位置。」同上註，頁290。

58　中國像一片秋海棠葉。

59　1945-1956，國教，1946，-，14。

60　〈明置圖蟲〉，1945-1956，國教，1946，-，16。

另一篇課文則對比花生低調的美德與桃子、蘋果的膚淺美麗。國家與花生之間的類比並不明顯，但可以理解，列舉出與這種植物相關的美德帶有政治與道德目的。

> 爸爸説：「你們所説的，固然都是花生的好處，但還有一樣也是很可貴的。這小小的豆，不像那好看的蘋果、桃子，鮮紅嫩綠的懸在枝頭，令人一眼看見就喜歡。它只把果實埋在地下，等到成熟，才讓人把它挖出來。你們偶然看見一棵花生瑟縮的長在地上，不能立刻辨出它有沒有果實，一定要等到你接觸它才能知道。所以你們要像花生，因爲它是有用的，不是只求體面好看的東西。」[61]

　　花生的隱喻（也很常見：該詞出現了89次）表達了謙虛、堅忍、抵抗，甚至是粗野、頑強的美德，對立於桃子與蘋果在中國傳統象徵裡帶有的精緻、溫和、陰柔，甚至是非暴力的特質。花生、芭蕉樹、梅樹所共有的粗澀特徵顯出一種頑強的邏輯，也許見證了創傷背景中特有的「可感性」（« passibilité »）的斷裂，就如洛勞（Patrice Loraux）在〈失蹤人口〉裡描述的那樣。艾倫・玫蘭—卡吉曼曾詳細評論該文，她解釋說，「無感性」（« im-passibilité »）會在犯罪地滋長，將會破壞公民敏感度（sensibilité civile）。

　　這些獨裁政權強行植入的「世界觀」有部分將隨民主化消

---

61 〈落花生〉，1975，國教，2001，12，14；1975，國教，1994，12，6。

失，應該由其他足以呼應共享經驗與足以成爲認同與共識對象的代表物來取代，就像下文會討論的番薯。

這些植物隱喻是強行植入的，因爲不符合台灣的指涉情境。從實踐的角度來看，借用德特利（Catherine Détrie）的用語來說，[62] 人們應該要能夠回溯這些隱喻的經驗起源，說明與其有關的實踐。[63] 隱喻的目的在於表達語言之外的世界，然而在當前的例子裡，既無實踐，亦無指涉，強加的外來隱喻違反了在地想像，意即違反了與本土植物相關聯的象徵系統，從而造成一種意識上的殖民。事實上，「國族主體（sujet-nation）靠我們發聲，全是語言的功勞。」正是這種現象解釋了語言的「法西斯」（«fasciste »）性質。[64] 在此可見，植物隱喻被運用在宣傳奉獻與犧牲的道德，與愛國理念不謀而合。國族的規訓超越了夏克所定義的文明性（civilité），他認爲文明的準則應是自願認定的。這位

62　「象徵的運用體現了一種主體對眞實的實踐關係。」Catherine Détrie, *Du sens dans le processus métaphorique*, Paris, Honoré Champion, 2001, p. 134.

63　關於隱喻與認知環境的理論關聯，也可參閱：Thomas Wiben Jensen, Linda Greve (2019). « Ecological Cognition and Metaphor », *Metaphor and Symbol*, 34: 1, 1-16, DOI: 10.1080/10926488.2019.1591720.

64　相對地，我們並不認爲語言本身就具有「法西斯」特質，一如羅蘭巴特在法蘭西學院就職的第一堂課（*Leçon inaugurale au Collège de France*）上語帶挑釁地說。這無異於否認了民主政體和專制政體的區別，也就是否認了自由意識的存在等等。對於這個偏激看法的詳細評論，請參閱：*La Langue est-elle fasciste?*（《語言是否法西斯？》），頁182-189。在這個例子裡，也許將國民黨強加的語言對比克廉培勒（Victor Klemperer）筆下描述的納粹第三帝國的語言（LTI）是可行的，詳見 *LTI, Lingua Tertii Imperii. Langue du Troisième Reich, carnet d'un philologue*（《LTI, Lingua Tertii Imperii. 第三帝國的語言，一位語文學家的筆記》）[1947]（Paris, Albin Michel, 1996）。透過一種同質化的語言來控制意識是十足的法西斯與極權主義的，但是在這裡有一個極大的差異，納粹德國進行語言強制灌輸，而國民黨在台灣是把語言強加在原本根本不會說它的人身上。

社會學家以大量的學術著作來論證，指出台灣與中國政府有諸多共通點，其一便是，他們都曾在二十世紀嘗試對人民強加文明標準，而都以失敗告終。台灣唯有隨著民主化的運動，才得以發展出必要的文明性，以期達到「為己之社會」（société *pour soi*）的狀態。[65] 然而，蔣介石統治下的教育體制，可不止於強加了好戰觀與愛國觀而已。

第二章 在台灣溫和培植的中國傳統「形象觀點」

有些從中國文化引進的植物隱喻，並不一定符合台灣的愛國願景，但有利培養光復大陸的精神。其中大部分都是美德的意象，主要代表了道德上的正直、毅力、智慧，以非戰的觀點來支配社會。與梅花不同，蓮花、絲瓜與竹子確實存在台灣，這種具體的認識有利於象徵的認同，這些便是借自中國圖像溫和培植出來的形象觀點（vision）。

第一節 文明之花：蓮花

蓮花的隱喻很常見：在我們研究的教材裡出現了31次。[66] 若以1993年某教科書的課文來看，幾乎可以稱它為「文明之

65　「中國與台灣有許多相似之處，這對於比較兩者文明（civility）發展的方式與程度尤其重要，其中包括：人口主要源自於中國，因此共享文化遺產，直到1895年以前約莫兩個世紀以來都受相同的中央政府統治，以及在二十世紀受列寧主義政府企圖由上至下強加公民行為。（Dickson 1997, 3; Taylor 201109, 411, 442）」David C. Schak. *Civility and its Development: The Experiences of China and Taiwan*, p. 29.

66　蓮花也稱荷花（出現12次）。

花」了。[67]

　　一句讚美的話，可以使一位辛勤操勞的母親，忘掉身體的疲累；一句讚美的話，可以使一個遭受挫折的小朋友，重新建立信心；一句讚美的話，更可以表達你對別人的關心，使你得到更多的友誼。有人說過：「好話像蓮花，壞話像毒蛇。」

　　蓮花是屬於傳統上遍布於中國這個被譽為「花之國」的花卉，[68] 但在佛教裡也象徵著涅槃，代表「詳和與絕美的狀態」。在世俗的儒家思想中，特別是《禮經》一書（由儒家文人編纂評註，闡述構成社會組織的禮儀），蓮花更是「八瓣花」，象徵「空間的八個方向，意即宇宙的秩序」。「儒家文人廣泛地採用蓮花的象徵，因其出淤泥而不染。」[69]

　　蓮花屬於無痛嫁接到台灣的社會和文化中的植物，與佛教、道教、儒教的象徵元素和諧共處。

　　不過，夏克認為佛教與儒家在文明的發展中扮演的角色不同。一方面，佛教因其普世和諧、尊重環境、特別是人道行動的原則，而有助於文明性的發展。[70] 另一方面，儒家則阻礙了文明

67　1993，國教，2001，7，7。

68　Maurice Louis Tournier. *L'Imaginaire et la symbolique dans la Chine ancienne*, p. 221.

69　同上註，頁273。格言如是說：「出淤泥而不染」。

70　「另一個促進人們互相了解的現象是前述社會參與的佛教組織的發展，佛光山與慈濟。佛光山是第一個快速崛起的組織，它的事業遠遠超過冥想、學習、唸誦，擴展到更社會與合作的活動，比如社區與慈善活動。慈濟也從事此類活

關係的生成，因其強加階級社會的思想，這與他定義的文明性是不相容的。[71]

　　這兩種傾向並存，我們也無法在教科書裡加以區辨……我們無法清楚地劃分植物隱喻的屬性，像蓮花有時彰顯了佛教的美德，有時是儒家的美德，竹子亦然。

第二節　竹子的正直

　　在課本的道德小寓言裡很常見的竹子（出現47次），也可歸入「溫和培植的中國傳統視觀」。這樣的頻率反映了許多中國文學的經典賦予它的地位，可以在《禮經》看到竹子，而《芥子園畫譜》這本中國學院畫的參考書更用了整整一個章節來談它。竹子在整體中國文化的象徵非常豐富，才會有「竹子文明」之稱。竹子與華南和東南亞地區的關聯更是明顯，它不只體現了陰的反面，也表現出調和天地力量的生命力。竹子所象徵的所有美德中，最主要的莫過於堅忍不拔。竹與松、梅並列「歲寒三友」，逆境或年邁，始終如一。這也解釋了竹子古老的象徵意義出現在道教與儒家經典的原因。

> 它成為完美的儒家形象，雨風中彎而不折，在逆境中堅持。它也代表精神的柔韌與靈魂的力量相互結合的形象。……永遠的正直，竹子象徵誠信之人的美德，也就是儒家思想中的

　　動，程度上更勝佛光山，但當時規模要小的多。」David C. Schak. *Civility and its Development: The Experiences of China and Taiwan*, p. 122.

71　同上註，頁128。

「君子」。……竹節的中空象徵心胸寬闊；竹心雖空，卻無損其正直，也象徵坦率、不隱瞞，簡言之，爲忠誠。 竹子是叢生的，因而也帶有社會意象。竹子就是美德大成，它的每個具體特質都是象徵。[72]

再則，竹子很久以前便被引進台灣，十八世紀就有記載，不會被視爲人爲強加的文化元素。[73]

以下這篇是嶺月（1934-1998）寫的文章，搬演了一場孩童與竹子的對話，說明附加在這個象徵上的道德價值。竹子和「中國人」的關聯帶有愛國的色彩，但是不帶好戰的意味，通常都是指符合儒家思想與孝道裡道德上的正直。

我也笑一笑的説，中國人喜歡吃筍子，在我最鮮嫩好吃的時候被挖掉，我會覺得貢獻大而很高興。但是我如果沒有被挖筍人發現，我也不會氣餒。因爲我有足夠的勁力往上伸，往上長，只要我能夠趕過身邊兒的長竹子，我就能得到雨露，也能照到陽光。然後我要跟著夥伴們在寒風和烈日下磨練，

---

72 Maurice Louis Tournier. *L'Imaginaire et la symbolique dans la Chine ancienne*, pp. 247-248.

73 此文點明刺竹於十八世紀引入基隆與彰化地區，約在1734與1787年間。「本圖畫有彰化縣和淡水廳兩城，按雍正元年（1723）分諸羅縣而設淡水廳與彰化縣，十一年（1733）、十二年（1734）分別栽植刺竹爲城，故知此圖不會早於一七三四年，但此圖諸羅未改名嘉義，故知不會晚於乾隆五十二年（1787）。」杜正勝題解，中央研究院歷史語言研究所出版，1998年。http://saturn.ihp.sinica.edu.tw/~wenwu/taiwan/index.htm?fbclid=IwAR1MFwZYji5tJSkp5w3Qw1RDx26OIgRFTj-ue2c8C-f7f6lVuvi1eBwQZ04

等我長成強韌的大竹子，還怕沒人要我、用我嗎？

孩子點點頭，默然沉思起來。他一定在想，竹子好偉大，不該冒頭的時候不冒頭，不該氣餒的時候不氣餒。不管風吹雨打，更不怕冰霜或炎日，一年四季青翠挺拔而不彎腰，這正是中國人自強不息的堅忍精神呀！[74]

　　拉封登（La Fontaine）不是儒家文人，不過我們忍不住將竹子「彎而不折」的象徵跟他「橡樹與蘆葦」的寓言做類比：都同樣象徵堅忍、道德上的正直與謙遜並蓄，都同樣譴責過度驕傲。朱利安（François Jullien）就曾深度探討法國十七世紀的倫理學家（moraliste）與儒家思想的相似之處，並將其中的差異性提出討論。是什麼驅使人冒著生命危險去救一個溺水的陌生人？這位漢學家檢視了拉羅希福可（La Rochefoucauld）、盧梭（Rousseau）、叔本華（Schopenhauer）的作品，來說明西方思想在超驗性（transcendante）與規範性（prescriptive）的思想脈絡外是無法建立道德的。基於憐憫感的這種道德，促使個人採取行動去援助處於危險的陌生人，只不過是出於不幸也會降臨在自己身上這種想像的投射。一個人只是基於個人利益與利己主義去幫助他人，這是平庸的道德。為了避開存於憐憫感中利他主義幻覺的暗礁，康德（Kant）以為，道德應該建立在法律與義務的基礎上。不過，在這個先驗的（*a priori*）框架中，他卻很難證明是什麼促使對他人採取行動。對朱利安而言，西方思想在道德的建立上

74　朗讀比賽文章，作者為嶺月。

無疑是失敗的。他研究孟子的文本後發現，在中國思想裡，個人的我唯有透過人與人之間的關係才得以想像。跟他人的關係、共同參與的生活才是首要的，因此不會有憐憫感的問題。如果人們墮落，喪失了天生的利他主義，絕對只是因為他們被日常事務纏身，只需要再度找回內在於我們意識中的本性便可。他藉著「植物生長」的模式來描述道德：「如果沒有阻礙，汁液在植物裡循環不已，就像如果沒有阻礙，我們的道德良心自會舒展。」因此，智者應該「修其德」，以免阻礙支配社會運行的法則，[75] 朱利安是擁護儒家思想的。

默爾加（Eske Møllgaard）對於儒家思想、美德與社會和諧的關係則持不同的看法，他認為儒家思想與和禮有關的儀式，根本就與「現代公民性」（civilité moderne）這個概念所隱含的自由不相容。[76] 社會學家夏克也不認同朱利安對於潛藏於儒家倫理或由其部分思想建構而成的中國社會裡的文明性的肯定。相反地，他舉出很多「不幫助受難者」的例子，一再搬演著中國人對其他陌生人的不幸表現出普遍的冷漠。與朱利安所舉的例子相反，夏克轉述了一系列從中國（RPC）報章媒體的社會新聞裡截取下來的軼事（如：一個不知名的孩子溺水了），都是描述陷入困境或死亡危險的個人面對著人群的冷漠。在他看來，在中國，

---

75 François Jullien. *Fonder la morale. Dialogue de Mencius avec un philosophe des Lumières*, Paris, Grasset, 1995.

76 「現代公民性（modern civility）並非基於個人隸屬的部落、國家或種族，而完全是陌生人之間的連結。儒家思想依其邏輯無法設想陌生人之間的連結：好的陌生人認同儒家禮儀的優越，壞的陌生人並不認同，但是如此一來陌生人之間是無法形成連結的。」Eske Møllgaard, « Confucian ritual and modern civility », *Journal of Global Ethics*, 2012, p. 233.

是否屬於宗族成員決定了一切，前文所定義的「文明性」是不存在的。對夏克和默爾加而言，儒家思想遠非文明性／公民性（civilité）的媒介，反而造成了某種形式的社會分裂。佛教正好相反，強化了社會連繫與文明性。1980年代，隨著台灣的民主化運動，佛教組織的快速崛起，這些或許是「爲己之社會」生成的主要原因。[77] 夏克不是唯一將台灣佛教的興起與文明性做連結的人。[78]

從象徵的角度來看，不免會想誇大佛教蓮花與儒家竹子的區別，這兩種象徵分別對應著文明性（civilité）兩種截然不同的詮釋。一邊是規範與嚴峻的文明性，代表對禮節與階級的尊崇；另一邊是「現代」與「民主」的文明性，以平等的關係爲前提。不過，兩種植物隱喻並存於我們探討的教科書裡，意義不定。蓮花與竹子的意象都非常靈活，所以可以同時滿足文明性的兩種詮釋。竹子的象徵遠遠超越儒家象徵的框架，一如蓮花也遠遠超越佛教象徵的框架。

話雖如此，在我們的研究客體（課本）中，竹子明顯比蓮花出現得多。撇開教科書不談，101大樓這個台灣公認最受歡迎的象徵之一正好再現了竹子的形象，這絕非巧合，這是非常成功的「隱喻移植」的證明！

---

77 這場民主化和國族與社會認同的創建運動，當然也受益於言論自由的快速發展，報刊種類及出版社增加、教育程度提升，同時也受益於佛教組織的發展。見 *Civility and its Development, op. cit.*, p. 122.

78 關於台灣藏傳佛教組織的各種傳教浪潮，他們跟其他佛教組織的關係，以及這些組織提倡的「社會與人道行動」，詳見 Fabienne Jagou. « Le Bouddhisme tibétain à Taïwan », *Monde chinois, nouvelle Asie*, n° 27, automne 2011.

第三節 其他植物隱喻代表的文明性

在台北植物園的小徑轉個彎，行人可能會碰上一面描述古典文學裡植物隱喻的解說板。上頭提到的植物有五百多種，有些也出現在台灣的文學風景中。在台灣當代詩人李魁賢的詩裡，檳榔樹成了「厭倦游牧生活的長頸鹿」，在鍾理和的小說《笠山農場》裡，榕樹被比為「老祖父沒有修飾過的鬍鬚」。乍看之下，植物隱喻出現在台灣文學或更普遍的漢語文學裡並沒有什麼特別。台灣的植物園歌頌這些隱喻也合乎適切的教學輔助舉動，又有哪個國族文學沒有圍繞著某個植物隱喻來建構一系統的作品呢？有些漢語從政者與學究聲稱植物象徵是華語文學所獨有，大自然在華語文學裡的重要性遠遠高於其他語言的文學。這種所謂崇尚自然的天性不無爭議，關首奇（Gwennaël Gaffric）的論文《人類世文學》（La Littérature à l'ère de l'anthropocène）合理地解構了這種文學妄語，提出至少兩個有力的論點來質疑所謂以生態為尊的華語文學神話。「華語文學」涵蓋了許多異質性很高的文本，把文學或所謂的「華語文化」與對生態的敏感性劃上等號，這樣的概括性必然是錯誤的。另一方面，中國歷屆的政府對環保的議題一直表現出全然的漠不關心，直至今日仍是如此。因此，植物隱喻成了政治操弄的工具，「挾著文明本體論的差異旗幟，替不民主的作法辯護。」[79]

教科書裡有檳榔跟榕樹，也有其他傳達文明概念的植物隱喻，有些中國特色並不顯著，比如蒲公英，雜草中微不足道的存

---

79 Gwennaël Gaffric. *La Littérature à l'ère de l'Anthropocène*, Le Pré-Saint-Gervais, L'Asiathèque, 2019, pp. 65-69. 也可參考：Gaffric et Heurtebise, 2018.

在，但堅韌且帶有強勁的生命力；又如絲瓜棚架，「順著一絲絲的月光，……每個瓜正閃著翠玉一樣的光輝，像是一盞盞亮著希望和祝福的燈。……，因為它建立起我們共同的希望，而且把全家的心繫在一起。」[80] 大部分的隱喻都是外來的，有時代表的是規訓管束的工具，有時又是促進民風詳和的載體，雖然源於政宣論述，卻沒有隨著民主化而消失。

權力以露骨的符號持續著，我們還可以在官方建築、政府部會，或在圖書館與學校的入口處發現火龍果樹。果實的名稱裡有龍這個字，象徵帝國皇權，也引申為政治主權。在《迷園》這本小說裡，李昂認為民主化代表對權力象徵的挪用。她特別提到貫穿這座花園的龍，實為一則台灣歷史的寓言。「台灣的民主，就算只能由為龍添加一爪開始，也算是聊勝於無吧！」[81] 其實，龍很常以四爪出現，因為以前替龍加上第五爪等同褻瀆君主之罪，這是皇權專屬。她的小說認為民主不過是期待中的遠景（horizon d'attente），絕非可以如此落實的絕對狀態，而台灣只是這個概念可能的詮釋之一。

---

80 文件編號：108808_05／課數：第05課：「瓜棚下，有一天晚上，我坐在瓜棚下，仰著頭，透過小小的葉隙，欣賞那篩落下來的月光；順著一絲絲的月光，驚喜的發現每個瓜正閃著翠玉一樣的光輝，像是一盞盞亮著希望和祝福的燈。於是我明白了，為什麼我們如此愛著這瓜棚，因為它建立起我們共同的希望，而且把全家的心繫在一起，像繫住所有的瓜一樣」。1975，國教，1994，12，5。

81 李昂，《迷園》，同前註，頁116。

第三章 普世（種子、根、樹、塊莖）與本土的（番薯）植物再現

在台灣土地上「扎根」的植物隱喻，有些可以用普世（universelle）來形容。所以「普世」，因爲並非專屬台灣或中國，而是指向人類的共同經驗。[82] 緣此，它們構成人類隨著普遍的跨文化作用不斷擴充與豐富的想像遺產，尤其就像人類學者費南德茲（Fernando Ortiz Fernández）所描述的那樣。

因此，我們保留三種隱喻序列：種子、根、樹。我們先提出幾個一般性的觀察與相關的但書。這三者可以描述相同的過程（種子變成扎根很深的大樹）或各自獨立：種子與根可以指向任何植物，這也是我們傾向個別分析它們的理由。

此外，即使我們認定這些是普世隱喻，也必須指出普世性這個概念是相對的。顯然，城市居民跟鄉下孩童有不同的自然體驗，隱喻的普世性是依每個個人的私人百科全書而定。同樣地，雖然這些隱喻是普世的，也能成爲特屬於台灣情境下的詮釋對象，正如下文的分析。

這些隱喻（種子、根、樹）仍屬於一般教育論述的典型隱喻，因此在台灣，很常出現在教師、教育官員或教育專家的論述裡。

在2003年7月一場民進黨的高層會議裡，前總統陳水扁爲了

---

82 全人類共同的隱喻跟「經驗的形式」（*"gestalt* expérientielles"）有關，這是 Lakoff 和 Johnson 論點的核心：*Les Métaphores dans la vie quotidienne*, Paris, Minuit, 1981, pp. 92-93, p. 165.

表達教育的重要性，曾就以下的發言來評論台灣教改引發的爭議：「十年樹木，百年樹人」。[83] 同樣地，前教育部長吳清基爲了表明投資教育的必要性，儘管沒有立竿見影的成效也要對教育懷抱信心，如此說道：「我們可能知道一個蘋果裡有多少顆種子，但是我們永遠無法預測到一顆種子會長出多少個蘋果」。[84]

這些教育論述很自然地從民間的道德與教訓中借用植物隱喻，所以會說，博學但謙虛的人就像「稻穗，愈成熟愈低頭」，或是，如果家長對小孩太嚴格，密集的學習讓小孩不堪負荷，會說他們「揠苗助長」。[85] 毫無意外，我們探討的教科書裡充斥著這些道德格言，但是，根據上下文，相同的植物主題可能導向好戰或平和的言論。

第一節 種子：從堅韌到希望

種子的主題在教科書裡很常出現（86次），見證了兩種論調間的衝突演變。

在之前的引言中，我們提過知識份子、作家與教科書編輯王

---

83 對於近來深受各界關注的教改議題，陳水扁指出，「十年樹木、百年樹人」，請參閱：https://www.epochtimes.com/b5/。

84 「我們可能知道一個蘋果裡有多少顆種子，但是我們永遠無法預測到一顆種子會長出多少個蘋果」，引自：http://www.toko.edu.tw/files/。

85 https://news.ltn.com.tw/news/。揠苗助長，這個成語可以追溯到孟子：「宋人有閔其苗之不長而揠之者，芒芒然歸，謂其人曰：『今日病矣！予助苗長矣！』其子趨而往視之，苗則槁矣。天下之不助苗長者寡矣。以 無益而舍之者，不耘苗者也；助之長者，揠苗者也，非徒無益，而又害之。」孟子用這個植物象徵來強調培養道德美德的必要過程——紀律和實踐，關於這個象徵的分析，參考 Albert Galvany (2009), "Discussing usefulness: trees as metaphor in the Zhuangzi", *Monumenta Serica*, 57: 1, 73, DOI: 10.1179/mon.2009.57.1.002.

鼎鈞關於〈一顆種子〉的評論，該文在1968年新編教材時基於
潛規則被刪改。值得一提的是，他也寫了好幾本文學論著，其中
的《文學種子》便在文學、教育與植物環境間建立直接的隱喻關
係。

　　一系列的課文都提到必須努力付出才能享受果實，呼應很經
典的〈農夫與他的孩子〉的（拉封登）寓言：「工作吧，勞動
吧……只有工作才能致富」。以下就是〈奇異的種子〉的內容：
有個土匪偷了一顆種子，本以為可以發大財，後來覺得一點價值
都沒有，便生氣地扔掉了。種子落在一位懂得細心照料的農夫手
上，帶來了幸福與財富。[86] 或是以下這篇，也同樣把生命花園的
成功連結到工作上：

86　奇異的種子（二）種子掉在一家店鋪前面，商人撿了起來，喜出望外的說：
　　「奇異的種子掉在我的門前，一定是發財的吉兆。我要等著好價錢把它賣出
　　去。」別的商人聽說有這樣一顆種子，出高價向他買了，又轉手賣給別人。種
　　子在商人手裡賣來賣去，身價一天比一天高，名氣一天比一天大：結果被一個
　　土匪搶了去。土匪跑到城外的一座破廟裡，拿出快刀，靠近窗口，想把這顆種
　　子剖開，看看裡面到底藏了什麼寶貝。種子的外殼又硬又滑，不容易著力，他
　　一不小心，反而把自己的左手割破，流了許多血。土匪一生氣，抓起種子就向
　　窗外使勁甩去。種子彷彿長了翅膀，飛得很遠，落到一片田地裡。田裡有一個
　　皮膚黝黑的少年農夫，手裡拿釘鈀，辛勤的在翻鬆泥土。他工作累了，正用袖
　　子擦汗的時候，恰好看見一顆種子落下來。他高興的說：「啊！這真是一顆
　　可愛的種子，好大！好綠！」他翻鬆了田裡的一小方泥土，把這一顆種子種在
　　裡面。他還是照常耕作，照常割草，照常灌溉，照常施肥，盡自己的力，做自
　　己的事，並沒有特別注意這顆種子。少年農夫看了，雖然高興萬分，卻不驕
　　傲。因為他知道：種子如果沒有泥土，沒有水分，沒有肥料，沒有陽光，沒有
　　新鮮的空氣，無論如何是不會生長起來的。因此，他也不把它佔為己有；他讓
　　村裡的人都來欣賞這朵美麗的花，都來聞聞它的香氣。1975-1993，國教，
　　1993，10，5。

因此，祇要我們播下了種子，我們就已經種下了希望，在人
生的園地裡，種子播下後，總會萌芽、開花、結果的；但如
何使它花開得豔麗？[87]

其他的文章特別讚揚好戰的美德，像抵抗、好鬥、無畏。除
了已經提過的花生種子，雖沒有美麗的外表，卻暗藏驚人的潛力
（像闇然自修的君子）。[88] 有一篇提到「堅韌的種子」[89]，另一
篇強調「種子可怕的力量」與「鬥志」。[90]

---

87 朗讀比賽的文章。

88 「落花生不想借助外力，它把果子深深地埋在土裡，表皮長成跟泥土一樣的顏
色，一層又一層，外面沒有色，也沒有香，把濃厚的油澤包藏在最中心，頂謙
虛、頂本分，像闇然自修的君子。」朗讀比賽的文章。

89 「世界上力氣最大的，是植物種子。一顆種子可以顯現出來的力氣，是超越一
切的。你見過被壓在瓦礫和石塊下的小草嗎？它為了成長，為了接近陽光，不
管上面的瓦礫和石塊如何重，縫隙如何窄，它還是會從彎彎曲曲的縫隙中，鑽
到地面上來。它的根往土裡扎，芽向地面挺，這真是一種不可思議的力量。一
顆種子如果不落在肥土中，而是落在瓦礫石塊裡，它絕對不會悲哀，也不會咳
聲嘆氣，因為有了阻力，才有磨練，才有進步。一開始就充滿鬥志的種子，才
是堅韌的種子，也只有這種種子所長成的草，不怕風吹雨打，不怕任何挫折，
具有無與倫比的力氣。」1975，國教，1993，10，6。

90 「世界上氣力最大的，是植物的種子。一粒種子所可以顯現出來的力，簡直是
超越一切的。人的頭蓋骨結合得非常致密，堅固，生物學家和解剖學家用盡了
一切的方法，要把它完整地分開來，都沒有成功。後來忽然有人發明了一個方
法，就是把一些植物的種子放在要剖析的頭蓋骨裡，給與溫度和濕度，使種子
發芽。一發芽，這些種子便以可怕的力量，將一切機械力所不能分開的骨骼，
完整地分開了。植物種子力量之大如此。這也許特殊了點，常人不容易理解。
那麼，你見過被壓在瓦礫和石塊下面的一棵小草的生長嗎？它為著嚮往陽光，
為著達成它的生之意志，不管上面的石塊如何重，石塊與石塊之間如何狹，它
總要曲曲折折地，但是頑強不屈地透到地面上來。它的根往土裡鑽，它的芽往
地面挺，這是一種不可抗的力，阻止它的石塊結果也被它掀翻。一粒種子力量
之大如此。如果不落在肥土中而落在瓦礫中，有生命力的種子絕不會悲觀，嘆
氣，它相信有了阻力才有磨煉。生命開始的一瞬間就帶著鬥志而來的草才是堅

前面的文字取自1975年版的課本，可以看出標誌著蔣經國時代的開放政策才剛開始。不過，透過王鼎鈞所珍視的「文化種子」展現出的「軟實力」，確實指向某種趨緩的形式，一如下文：

> 思想先生別號人性，家住腦府。在這個小天地裡，有他的書齋，儲存各種生活經驗的材料；有他的工廠，不斷把生活經驗的材料製成了成品。他還擁有一塊心田，播下文化的種子，用自己的血汗灌溉，不但綻開生命的花朵，更為人類生產精神的食糧。[91]

另一篇課文更直接納入文學，將播種耕地以求豐收類比為辛勤寫作以求靈感，[92] 但是要等到2005年版的教科書才會看到「將愛與希望的種子播下」。[93] 從鼓吹好戰精神到該精神的象徵化，接著再尋求和平，這個過程似乎已經完成了。

韌的草，也只有這種草，才可以傲然對那些玻璃棚中養育著的盆花嘲笑。」朗讀比賽的文章。

91　1975，國教，1994，12，7。

92　你們要知道：任何新事物都不會憑空出現，都是有來源、有過程的。例如：新苗的生長，先要把種子撒播在泥土裡；要想吃新鮮的麵包，先要從種麥子做起；再說，要是作家沒有新的構想，不去辛勤寫作，又從哪兒來的新書呢？1975，國教，1993，11，4。

93　2005，南一，6，14。

第二節 台灣的「根」與家族樹

樹根的隱喻很常見。[94] 在很多篇文章裡，樹與家族的類比更是明確。這個類比得自滋養人類想像遺產的共同經驗，[95] 因此所有人都可以理解這篇1993年後統編版課文〈家庭樹〉裡的兩個意思：

> 如果家是一棵樹，爺爺奶奶就是那堅強的樹根。為這棵大樹，建立了穩固的根本。[96]

樹的再現符號很清楚地傳達了儒家的價值體系。以下同樣摘錄自1993年後的統編本教科書，這篇〈感謝樹根〉講述了一個台灣社會的寓言：根是無形的基礎，要知道，沒有根，樹無法生長。這裡是強調儒家思想中的孝道所蘊含的感恩之情。

> 山坡上有一棵高大的老榕樹，它的根深深的長在土裡，粗壯的樹幹伸出幾條有力的臂膀，把濃濃密密的樹葉撐開，像一把綠色的大傘。炎熱的夏天裡，這把大傘遮住了火熱的陽

---

94 樹根出現18次。

95 家族樹的隱喻具普世性嗎？很多社會都會培養家族系譜的認知，撇開例外不談，這樣的實踐可說是具有普世性的。隨著科學自然主義與居維葉（Cuvier）或達爾文（Darwin）演化論的快速發展，「家族樹」的隱喻因而染上實證主義的色彩。人類學家德斯科拉（Philippe Descola）可能會有限度地界定這種再現的普世範圍，我們的分析也是。

96 1993，國教，2002，9，12。以下更明顯：「如果家是一棵樹，爺爺奶奶就是那堅強的樹根。如果家是一棵樹，爸爸媽媽就是那粗壯的樹幹。如果家是一棵樹，孩子就是那樹上幼嫩的枝條。」

光，灑下一片涼爽的綠蔭。孩子們最喜歡在樹蔭下追逐著遊戲，玩累了，還可以靠在樹幹上，舒舒服服的睡一覺。偶爾陣陣微風吹過，綠綠的葉子隨風起舞，招來各種各樣的飛鳥，吱吱喳喳的叫著、跳著。榕樹是鳥兒們的天堂，榕樹下是孩子們的樂園。有一天，一陣和風輕輕吹過樹梢。看見榕樹青翠的葉片，在陽光下閃閃發光，忍不住低低的發出讚嘆：「好美的綠葉呀！山裡頭上上下下再也找不著這麼美的大樹了，難怪每天日出日落的時候，鳥兒總是喜歡到這裡來唱歌。」樹上的鳥兒聽見了和風的話，搶著說：「是啊，是啊！幸好有這一大片又濃又密的綠葉，給了我們一個溫暖舒適的家。就連過往的行人，也總愛在這兒停下來，擦擦汗，歇歇腳呢。」另一隻小鳥也搶著說：「我喜歡聽小朋友在樹蔭下遊戲的笑聲，更喜歡看他們在樹下跳舞的樣子，要是沒有這一片樹蔭……」「等一等！」突然有一個聲音打斷了小鳥的話，原來是榕樹的葉子說話了。「謝謝你們的讚美，但是真正要感謝的，應該是深深埋在地底下的樹根啊！他終日不見陽光，默默養育著我們。要不是樹根給我們養分，我們哪能長得這麼青翠茂盛呢？」樹根在地底下聽見了樹葉的話，欣慰的笑了。[97]

　　這則寓言的教育與道德意涵似乎相當明顯，提醒著個人和父母、祖父母的關聯，就像樹葉與樹幹或樹幹與樹根相連。樹同時

97　〈感謝樹根〉。

代表了家庭結構和社會結構，樹根就是祖先，當然是看不見的，但卻是家庭與社會和平與和諧的保證。

樹根的隱喻是基於儒家價值體系而來的類比，包含兩個層面：如果國家是家庭，那家庭的根就好比國家的根。隱喻成了公約數，這種帶有一致性的世界觀有可能會被政治收編。事實上，有機隱喻自有其模糊的反面：在威權的情境下，同樣的隱喻，會由傳達文明性轉向傳達為國犧牲的暴力。當隱喻等同國家與整個民族，有個意念得以強化，這個意念迫使每個人認定自己是這個整體的一員，背負共同的歷史，隨時準備好為國犧牲。在這個意義上，有機隱喻與某種中國國族的本質主義概念相同，都鼓吹熱血、好鬥的英雄主義、追求「狂熱信仰者的身體」（corps mystique）。[98] 直至今日，這個意念都還存在，這篇2016年朗讀比賽的文章就是證明：

> 大哥彷彿深植在大地上的樹根，是那樣默默地為青翠、多彩的綠葉繁花，奉獻了他的一生，我有無限感念。[99]

1975年的教科書見證了以粗暴的方式強加於年輕學子的中國化，他們必須結結巴巴地背誦愛國格言，用來提醒他們跟中國的關聯：「我是中國人，我在中國生根。我愛中國，愛得最

---

98 「狂熱信仰者的身體」（corps mystique）這個隱喻性的概念是指在「前現代」（pré-moderne）社會中，個人被視為相互聯結的「肢體」（membre），形成由一個領導者（chef源自拉丁文 *caput*，「頭」）來帶頭的整體，常用的「社會身體」（corps social）的隱喻就是從這個概念衍生出來。
99 朗讀比賽的文章。

深。 我是中國人，我在中國生根。我愛中國，愛得最深。」[100]
這種反覆用詞暗示了獨裁政權初期教師採用的強迫式學習法，用
阿爾貝‧朗德斯（Albert Londres）著名的隱喻來說，這種「洗
腦」（« bourrage de crâne »）在解嚴後開始趨緩。以下這段摘錄
跟1993年的課文形成鮮明的對比。

> 二百年來蕃衍後，寄生小草已深根。[⋯⋯] 移民也是一群勇
> 敢的人，把自己的根由原鄉移植到了另一塊土地上。[⋯⋯]
> 臺灣是他們寄居的新天地，他們如同卑微但堅強的小草，經
> 歷了兩百年風霜雨雪，終於在這片土地上生長蕃衍，深深的
> 扎下了根。 移民，是有兩個家鄉的人，大陸是他們的原
> 鄉，臺灣是他們的新家。[101]

根的隱喻在此處更「柔軟」了，做為解釋的一環，描述從大
陸移民到台灣緩慢而複雜的歷史。不再是強加中國認同，而是理
解所有移民過程具有的「失根」（« déracinement »）與「扎根」
（« enracinement »）原則，促進接納與同化。以下摘錄自2016
年的課文證實了這種觀點的改變：

> 如果，生命有如一株樹，我們希望它結實纍纍，也希望它花
> 葉扶疏，更希望它頂天立地，傲岸不屈。但，我們必先將根
> 深深地埋進土裡。往下扎根，不是一件輕鬆愉快的事，卻是

---

100 1975，國教，1990，5，9。
101 1993，國教，2002，11，8。

如此重要。[102]

扎根過程的艱難顯然暗示著台灣認同形塑上的苦難，不過，這種暗喻卻不帶任何怨懟或挑釁意味。我們可以觀察到「民風詳和太平的歷程」（pacification des mœurs）正在進行中，這便是我們分析教科書後所觀察到，專屬於台灣的「文明進程」（procès de civilisation），一代又一代，目前還在進行中。

根的隱喻在1993年後的教科書還是很常見，這點足以顯示，儒家思想在威權體制結束後還是得以好好地留存下來，跟民主框架並無衝突。過往專制體系所利用的價值觀仍舊殘存於民主的當代，我們最後會再分析這一點。

樹的隱喻在課本中最常用來表達儒家思想的社會觀、自然觀與世界觀，我們沒有發現其他也具同等影響力的觀點，比如在《莊子》中所呈現的道家思想。亞伯特・嘉凡尼（Albert Galvany）寫了篇相關的文章，旨在分析樹的隱喻。[103] 他先是簡短指出植物隱喻的出現，分別存於最早跟教育有關的哲學文本之中，特別是品達（Pindare）、普魯塔克（Plutarque）或詭辯學派（Sophiste）提到的人文教育的概念（paideia），[104] 同時也存於

---

102 朗讀比賽文章。

103 Albert Galvany (2009), « Discussing usefulness: trees as metaphor in the Zhuangzi », *Monumenta Serica*, 57: 1, 73, DOI: 10.1179/mon.2009.57.1.002.

104 「這個隱喻在品達（Pindar）的詩裡已經出現過，他將人類的優異擬為由翠綠露水滋養的葡萄樹，在智者與公正人士之間，拔高到流動的天空。或在普魯塔克（Plutarch）著名的『教育三位一體論』（"educational trinity"）中，他利用種植作物、農業的例子來解釋他的教育理念的基礎，因為他認為耕種是以人類技藝來培養天性的範式，要耕作的土壤便是人性。」同上註，頁71。

前帝國時期的中國論教育的文章裡，尤其是孔子的《論語》。對孔子及其追隨者來說，人性違常，必須由智者糾正。[105] 栽培、壯大、支撐一棵樹，是表達這種教育或治理人的技藝最常使用的隱喻。[106] 他寫道，戰國時期的哲學論述偏愛樹的形象。即便對樹的隱喻有不同的解釋，嘉凡尼也是受到儒家經典的啓發，才得以理解一段在《莊子》中關於巨樹的故事。

我們在一場儒家與道家思想的爭論中發現迴響。惠子跟莊子說，他的話語就像一棵巨樹的枝條，據說是尊貴的樗樹，不過木匠看不上眼，因爲節瘤太多。惠子以無用的「巨樹」這個隱喻來詆毀莊子的言論，但是莊子回他說，這棵樹雖無用，但它寬闊的枝葉在閒暇的午後可是很舒服的休憩處。這棵樹正是因爲它的無用才得以倖免與長存，否則很早以前就被砍掉了。最後，莊子勸惠子要遠離他常常出入的權力圈所要求的功利主義，享受無用的樂趣。巨樹的隱喻有好幾種版本，都闡明了「無用之用」的概念，這跟儒家的教育理念完全背道而馳。[107] 但這點，完全不妨

---

105 「與儒家傳統有關的思想家中，爲了有效落實各自的哲學計畫，沒有人會忽略指導與教育在之中佔據了最重要的位置，包括從小開始修正跟培養靈性，目的在創造有德、可敬之人。」同上註，頁73。

106 「一國的政治與行政機構就像一棵樹，樹根與忠誠而嚴謹的部長相連。因此，若是輕視、甚或譴責這些忠臣，就意味著侵觸了國家的根基，在理論上也會延伸至君主自身的滅亡。再則，從道德說教的角度來看，隱喻的操作非常純熟，明確投射出『國家是一棵樹』以及『種樹的藝術就是政治的藝術』這些概念。」同上註，頁77。

107 「莊子很快便表明他完全反對這些言論，因爲在其中，來自工匠或技術領域的隱喻，最終導向教條或道德的一切（禮樂制度與人道主義），或導向法律制度（懲罰、獎勵、規訓）用以操弄和壓迫的技術。這一切都是以干擾個人的原始狀態爲目的，試著去塑造構成人類最基本存在的原始素材。」同上註，頁80。

礙道家思想中也存有一種文明（civilité）的形式。

> 莊子似乎主張創造一個超越主流價值與強制本質的政治制度
> 的空間，在這個維度裡個人可以生產與再造新式的主體間的
> 關係。[108]

莊子似乎更頌揚早於戰國與君主文明前的時代，一個原始未
開化的時代，沒有腐敗的技術和制度，人類與自然和諧相處。

> 因此，這個隱喻旨在堅決反抗政治、禮儀、教育制度中的強
> 制性、標準化、與專制性，這些都反映在視工匠和農夫的實
> 踐為有效和「有用」的努力的範式上。所以，莊子對這些隱
> 喻的利用，隱含著他想要一勞永逸地消解一種理解政治實踐
> 與人際關係的方式，這種方式涉及了對自然持續地破壞、傷
> 害、與限縮，而當效用與獲利成為追求的目標，自然便會無
> 可挽回地以極端、龐大、高度難以控制的方式來回應。

我們不意外這個無用的巨樹主題沒有出現在台灣的教科書
裡，儒家的文明概念主導了課綱，新課綱也是如此。不過，一樹
在前，也許有一樹在後。

---

108 同上註，頁94。

第三節 林中樹：從根到塊莖

　　根的隱喻並不總是指向家庭或國家的根源，也可能意味著對土地的依戀與融入更大的環境，這是關首奇在他關於台灣自然書寫（nature writing）興起的文章裡所提出的。他說明所謂的「鄉土」文學（台灣1930年代的美學運動）如何再度引發關注，進而觸發一場鄉土文學論戰（1977-78）。他認為，這場論戰成為台灣文學接納自然書寫的重要關鍵。因此，他指出根這個植物隱喻的重要性：

> 在尋找以農村為首的在地真實裡，自然環境似乎成了中國或台灣文化認同的基本要素。拒絕西方影響，回到自己的「根」（根這個植物隱喻當然不是無辜的），符合浪漫主義式的環境理念，認為全球化與帝國主義已經破壞了所有真正的在地意義。[109]

　　以下選文可以充分說明關首奇的觀點，摘錄自2014年的朗讀比賽文章〈走進山林裡〉：

> 樹的年齡越大，脾氣越好，往往有許多寄生的植物，在它們的臂彎裡、腰幹上恣意的攀爬。在山林的世界，似乎容忍多

---

109 他接著說：「然而，雖然有一定的相似處，『鄉土文學』跟浪漫主義式的自然再現還是有所區別。前者認定的自然環境通常都不是靜態、和諧、平衡的，而是深受當時的社會經濟條件影響，黃春明的作品就是如此，文學評論常將之歸類為典型的鄉土文學作家，即使作家本人並沒有多加評論。」Gwennaël Gaffric, *La Littérature à l'ère de l'anthropocène*，同前註，頁197。

過於爭奪，我看到一些樹，曲扭枝幹，空出地方容納它的新鄰居；幾棵細瘦的樹，歪著脖子由一棵老楓樹的帽緣探出頭。[⋯⋯]

山林裡，始終是生趣盎然的。一隻飛蛾的屍體，讓一群螞蟻扛回家分享；落葉和著濕泥，養肥一矮木及一地雜草。任何衰敗與腐朽，經由土壤神奇的魔術，都一一再生。或許是新的一組青葉，或許是一節藤蔓，或許是蕨草，或許是水苔，或許是樹木自身的年輪。生命的意義，在此被更仔細的解釋和肯定。[110]

　　作者吳敏顯筆下的森林構成一個複雜的生態系統，他在思想上遊走於其中好幾種生命的生存模式。他化身成青苔，無限延展（「仍以為自己正走向無邊無際，甚至覺得自己是一片青苔，無聲無息的在繁殖、在擴張」）。他將剛落入溪流的樹葉比為纜繩斷裂的漂流小舟（「新辭枝的葉片，是斷纜的扁舟」）。老樹也擬人化，成為老者。山上覆蓋著茂密的森林，對其細膩的描寫最終成為生命本身的意義（「生命的意義，在此被更仔細的解釋和肯定」）。

　　生命之間的關係是很多元的，相互依存（蟻食蝶、植物寄生於樹幹）、克制與調整造就了宇宙的平衡。在此，樹的模式不再化約成人在家庭或社會中的關係。人是整體的一部分，一個廣闊的、異質的、相互依存的整體。即便人是獨立的實體，仍然身陷

---

110 朗讀比賽文章。作者為吳敏顯，高中教師、前聯合報專欄作家、散文家、小說家、詩人。

他所關注的複雜自然所帶來的各種偶發風險中（「我讓山林來統治我」）。

　　乍看之下，這個擬人化與哲學家德勒茲（Deleuze）的觀點背道而馳，他曾批判樹做為世界結構的隱喻。[111] 德勒茲更偏愛塊莖（*rhizome*）的形象，因為更適合表達事物的複雜性。許多思想家都評論過這個對樹的典型的著名批判，比如艾可（Umberto Eco），他沿用了這個論點，將一系列的樹的模式（例如波菲利之樹（l'arbre de Porphyre））跟塊莖模式相對立。艾可所追求的，首要是形式上的適切性。對於知識的理解，樹並不是一個具有啟發性的良好架構。[112] 不過，符號學家也指出，塊莖其實是可以無限切割成局部的樹，最後搭起一張世界的語意地圖。畢竟，塊莖（*rhizome*）源於希臘文 *rhizôma*，意指「一簇根」，樹與塊莖的關聯並非全然對立。比起字典，他認為百科全書更能表現真實的微妙之處，因為其中各個條目間的關聯都是多元且豐富的，而字典則把世界簡化成層次分明的樹狀結構。因此，比起波菲利之樹，吳敏顯筆下森林生態系統裡的樹更接近德勒茲、艾可、或小說家及評論家吳明益。關首奇認為，吳明益小說中箭竹的塊莖結構足以媲美圖書館和因陀羅之網（la toile d'Indra）的結構。

---

111 Gilles Deleuze, Félix Guattari. *Mille-plateaux*, Paris, Minuit, 1980.

112 Umberto Eco. *Sémiotique et philosophie du langage*, P.U.F, 1988, p. 110 sq. 從這個觀點來看，比較兩者不太恰當，一邊是模式的追求（必須遵守一定比例的類比性），一邊是只透過相似性來點出類比性的單純隱喻。不過，德勒茲的確不重視這個區別。

竹林的根和地下莖縱橫交錯，互通養分，它們其實是一棵竹子，但在地面上卻表現得像是毫不相干的個體。[113]

我們在這裡看到一個植物隱喻，將自然比爲異質個體的總和，而個體間雖相互關聯卻無階級之分，讓人想起 Deleuze 和 Guattari 的塊莖概念。此外，也恰恰是在這個層面上，導向了因陀羅之網的形象所代表的生態奧義：在佛教思想中，所有形態的生命間都相互連結與團結互助。[114]

　　樹的隱喻，只要置於森林之中，便可傳達出某種複雜性，我們在教科書裡也見過。然而，這個再現屬於人類共同的想像遺產，並非台灣獨有。我們原本期待在「教改」後的教科書裡找到真正屬於台灣的「世界觀」，可惜事與願違。

第四節　法定產區認證（A.O.C）的植物隱喻？番薯或台灣塊莖

　　出乎意料的是，在台灣民主化之後，我們並沒有在教科書裡發現帶有愛國意味指稱台灣的植物隱喻，沒有一個植物隱喻可以媲美獨裁時期強加的梅花「世界觀」。好比說，我們原本預期會找到以番薯來指稱島嶼的隱喻，因爲在教科書之外，番薯早已是許多文人偏愛用來宣告自己對土地歸屬的隱喻。一如 1991 年由

---

113 吳明益，《睡眠的航線》，頁 278，Gaffric，同前註，頁 372。

114 「因陀羅之網（la toile d'Indra）堪稱全息圖式（holographique）宇宙的佛教隱喻，一如蜘蛛網，向四面八方延伸。……今日，因陀羅之網的佛教隱喻特別流傳於華嚴宗這個佛教流派，發源於《華嚴經》。」Gwennaël Gaffric, *La Littérature à l'ère de l'anthropocène*，同前註，頁 287。

「蕃薯詩社」創立的《蕃薯詩刊》，便發想於台灣諺語「番薯不驚落土爛，只望枝葉代代湠（傳）。」該雜誌以地方方言（閩南語、客語、原住民語）編寫，以求推廣「充滿台灣當地人民精神的文學」。[115] 結果，教科書裡竟然沒有番薯的隱喻！這意味著不再透過教科書來強加某種「世界觀」？

這機率微乎其微，只是達成的手段可能更幽微，利用的方式也更溫和。因為，仔細觀察，番薯可是一點都沒有在教科書裡缺席，只不過不是透過隱喻的方式表達。我們發現好幾個地方都提到一般意義上的番薯，共有三種說法來稱呼這個塊莖：地瓜（14次）、番薯（41次）、甘藷（5次）。

下文摘錄自2016年朗讀比賽的文章，一起來觀察甘藷一詞出現的脈絡：

> 對面乾涸的田裡，昇起陣陣白煙，像龍般飄舞半空中。我跑過去。幾個村童圍著煙火歡呼，原來他們在烘甘藷。熊熊的火焰，使村童的小臉滲出汗珠，顆顆懸掛額角。[……] 他們把攜來的甘藷，一一扔進紅紅的火堆中，又繼續圍著圓圈起舞，嘴裡唱著純稚的歌謠。沈浸在這祥和、活潑的畫面裡，離逝的童年，彷彿又一一回到眼前；鼻尖掠過一陣甘藷的芳香，他們已經坐在田埂上，大口饕饕起來啦！

儘管跟龍煙的隱喻有關，但不可否認地，番薯在此僅止於字

115 《台灣文學・精采一百》（*Cent trésors de la littérature taïwanaise*），台南：國立台灣文學館 National Museum of Taiwan Littérature，2012年，頁172-173。

面上的意義，就像教材裡所有的用法一樣。不過令人驚訝的是，搜尋引擎顯示出番薯的用語全都是 2000 年後才出現的。這也就代表，即使番薯只有字面上的意義，光是它出現在一個提倡土地想像的教育情境裡這件事本身就具有重大意義。這個情境鼓勵所有在地文化元素的發展，番薯就是其中一個強化台灣認同的象徵。換句話說，如果番薯在文章的脈絡裡都是字面用法而非隱喻用法（當下的論述脈絡），番薯在整體脈絡下是具有象徵意義的（文章隸屬於一個更大的論述脈絡）！到頭來，番薯還很有可能獲得法定產區認證（AOC）。

番薯的主題再度流行，因為教育論述希望發展土地的想像，也就是如此，番薯的出現才具有象徵意義。不過，教科書裡沒有明顯出現「台灣是番薯」或其他變體的隱喻，這件事也同樣深具意義。正如我們之前指出的那樣，如果動用隱喻是強加世界觀的一種手段，一種規訓青年思想的有效技術，那麼，隱喻的缺席也表露出宣傳論述的緩和。

透過這些植物隱喻的研究，從寒梅到甘藷，我們觀察到的是台灣特有的民風詳和太平的歷程（la pacification des mœurs）以及還在進行中的「文明進程」（le processus de civilisation）。

第四章　失根的蘭花做為「轉渡性」隱喻：流亡與潰敗的私密表達

台灣這場跨越幾十年的民主化運動有其特殊性，但在許多方面確實可以比擬艾里亞斯（Norbert Elias）描繪的歐洲橫跨幾個世紀的民風詳和太平的歷程。社會學家比較與對比宮廷社會（絕

對君主）與獨裁體制的模式（領袖魅力的形象），[116] 不可否認地，台灣社會是第二種社會模式的產物。經歷過暴力循環的不同階段，包括內戰、獨裁、國家犯罪、沒收公共言論、自我犧牲，這種暴力循環導致了幾代人相互仇恨與持續的怨恨。台灣社會最終還是走向了民主社會，不論默許與否，要走出這個暴力循環，要以相互表述與理解他人的苦難為前提，這是相對和諧文明狀態的必要條件。

這種理解參與了民主化運動，先於政體有效建立之前。這個過程必然複雜，也絕非線性。獨裁與文學的關係絕不簡單，有些文學實踐與活動被容忍，因為被認定是無害的。就如苦難的表述可以出現在公共言論的審查與沒收的背景下，正是因為，唯有在私密領域裡，人們才能自由地表達自己的想法和感受。無論如何，正是這種感性促成了民風詳和的社會，因其承載了「關懷他人的」文明性（une civilité "xénophile"）與疏離化的批判。

因此，即使是在獨裁統治的背景下，似乎很早就存有一席之地，來表達思鄉這種特殊的存在病識感（mal-être），與流亡和潰敗主題相關的憂鬱，這種憂鬱在我們研究的教科書語料裡形成一種特別壯觀的隱喻。

第一節　「漂流」的蘭花（"à la dérive"）：歸化的隱喻（naturalisée）

在台灣，蘭花雖然非常具有代表性，還有個名為蘭嶼的附屬

---

116 Norbert Elias, *La Société de cour*, Paris, Flammarion, 1985.

小島，但不能說這是屬於島嶼原生植物的主題：南宋及元朝畫家鄭思肖（1241-1318）早早便以畫失根的蘭花聞名，表達背離「文明」中國而落入「野蠻」蒙古的感受。

和其他植物相比，正是這種附生特性有利於蘭花廣為流傳。不過要翻成法文並不容易，翻成 orchidée déracinée（「連根拔起的蘭花」）並不恰當，因為從來就沒有扎根過，翻成 perdue（「失去」）或 racines flottantes（「浮根」），也是差強人意。不過，這也正是這個隱喻的迷人之處，非常細膩，甚至可以說「很有文化內涵」（« civilisée »）。

這個「失根的蘭花」的隱喻是一個反覆出現的詩意主題，以一種特殊而微妙的形式來表達更廣泛與淺白的離鄉背景的概念。比如在一篇朗讀比賽的文章裡，講述客家詩人丘逢甲（1864-1912）的故事，這位愛國知識份子在1895年的馬關條約簽訂後被迫逃離台灣：

> 離開了臺灣的丘逢甲，像是失根的一葉蘭，既感慨家鄉淪陷，又痛心政府無能，寫了許多血淚交織的詩。[117]

然而，這裡的變體有其重要性，因為文章不用廣泛的「失根的蘭花」，而是提起台灣一葉蘭（la *pleione formosana*），[118] 正如其拉丁學名所指出的，這種稀有且野生的蘭花是台灣地方特有種。因此，就我們研究的教科書來看，「失根的蘭花」這個隱喻

---

117 朗讀比賽文章。
118 也稱 *Taiwan pleione* 或 *windowsill orchid*。

在晚近歸化了台灣（une *naturalisation* tardive）。

　　使用這個隱喻寫出以上小傳的作者有什麼想法呢？很可能，他想到另一種也出現在教科書裡的失根蘭花，希望更貼近台灣的地景。

第二節　陳之藩的失根的蘭花

　　外省人[119] 作家陳之藩自傳性的論著《旅美小簡》是很具代表性的，該書1962年在台灣出版，是台灣文學的經典之一。它以〈失根的蘭花〉為題，被選為2016年朗讀比賽的文章。文章描述一位「海外華人」漫步於美國校園，悲傷地凝視著一片花海，這讓他想起他的祖國中國。他是所謂的華僑，是被迫流亡至美國的中國人，直至1970年代末期，這些人在中國都被視為「祖國的叛徒」。正是出於流亡、思鄉、與無依無靠的感受，讓這些可憐的人成了「失根的蘭花」。[120]

---

119 外省人這個用語是指「跟著蔣介石的國民黨軍隊一起撤退到台灣的大陸居民」，跟本省人相對，指的是「在二戰前就移民到台灣的人」，兩方在台灣這塊土地上共處有時並不容易，因為外省人在整個戒嚴時期與其後，都享有政府當局所授予的特權，從而造成的怨恨與敵意直至今日都難以完全化解。

120 「顧先生一家約我去費城郊區一個小的大學裡看花。汽車走了一個鐘頭的樣子，到了校園，校園美得像首詩，也像幅畫。依山起伏，古樹成蔭，綠藤爬滿了一幢一幢的小樓，綠草爬滿了一片一片的坡地，除了鳥語，沒有聲音。像一個夢，一個安靜的夢。

花圃有兩片，一片是白色的牡丹一片是白色的雪球；在如海的樹叢裡，還有閃爍著如星光的丁香，這些花全是從中國來的吧！

由於這些花，我自然而然的想起北平公園裡的花花朵朵，與這些簡直沒有兩樣，然而，我怎樣也不能把童年時的情感再回憶起來。不知為什麼，我總覺得這花不該出現在這裡。它們的背景應該是來今雨軒，應該是諧趣園，應該是宮殿階臺，或亭閣柵欄。因為背景變了，花的顏色也褪了，人的感情也落了。

敘述者受顧家之邀，去參觀費城一個小校園裡的植物園，驚嘆這如詩如畫（「校園美得像首詩，也像幅畫」）的夢幻奇景（「像一個夢，一個安靜的夢」）。當他意識到這花園裡所有的花（牡丹、丁香、「雪球」萊葒）都來自中國（「這些花全是從中國來的吧！」），他非常激動。頓時，這些花勾起了他童年風景的回憶，他悲從中來，淚流不止（「淚，不知爲什麼流下來」）。後來他才明白他在自欺欺人，他以爲自己可以四海爲家（「我，到處可以爲家」），什麼苦都能吃，嚼菜根也無所謂

淚，不知爲什麼流下來。

十幾歲，就在外面飄流，淚從來也未這樣不知不覺的流過。在異鄉見過與家鄉完全相異的事物，也見過完全相同的事物，同也好，不同也好，我從未因異鄉事物而想到過家。到渭水濱，那水，是我從來沒有看見過的，我只感到新奇，並不感覺陌生；到咸陽城，那城，是我從來沒有看見過的，我只感覺它古老，並不感覺傷感。我曾在秦嶺中揀過與香山上同樣紅的楓葉；我也曾在蜀中看到與太廟中同樣老的古松，我並未因而想起過家，雖然那些時候，我窮苦的像個乞丐，但胸中卻總是有嚼菜根用以自勵的精神，我曾驕傲的說過自己：『我，到處可以爲家。』

然而，自至美國，情感突然變了。在夜裡的夢中，常常是家裡的小屋在風雨中坍塌了，或是母親的頭髮一根一根的白了。在白天的生活中，常常是不愛看與故鄉不同的東西，而又不敢看與故鄉相同的東西。我這時才恍然悟到，我所謂的到處可以爲家，是因爲蠹未離開那片桑葉，等到離開國土一步，即到處均不可以爲家了。

美國有本很著名的小說，裡面穿插著一個中國人，這個中國人是生在美國的，然而長大之後，他卻留著辮子，說不通的英語，其實他英語說得非常好。有一次，一不小心，將英文很流利的說出來，美國人自然因此知道他是生在美國的，問他，爲什麼偏要裝成中國人呢？

他說：『我曾經剪過辮子，穿起西裝，說著流利的英語，然而，我依然不能與你們混合，你們拿另一種眼光看我，我感覺苦痛……』

花搬到美國來，我們看著不順眼；人搬到美國來，也是同樣不安心。這時候才憶起，家鄉土地之芬芳，與故土花草的豔麗。我曾記得，八歲時肩起小鐮刀跟著叔父下地去割金黃的麥穗。而今這童年的彩色版畫，成了我一生中不朽的繪圖」。〈失根的蘭花〉（節錄）陳之藩。朗讀比賽文章。

（「但胸中卻總是有嚼菜根用以自勵的精神」），因為他就像隻蠶，以為只要自己還留在桑葉上，到哪裡都會過得很快樂。可是，蠶一旦離開了桑葉，就只能心繫故鄉了，因為沒有人可以四海為家的（「我這時才恍然悟到，我所謂的到處可以為家，是因為蠶未離開那片桑葉，等到離開國土一步，即到處均不可以為家了」）。

　　陳之藩是討論愛國植物隱喻的珍貴範例。身為國民黨黨員，他提出的願景完全符合當時國族主義政權的意識形態。這篇文章之所以入選2016年的朗讀比賽，有可能是在馬英九執政時期（2008-2016），國民黨的文化遺產與意識形態再度獲得推展與維護。然而，即便文章具有譴責共產政權的傾向，該文並不呼籲仇恨，文中並不隱含好戰或征服的論述（如同前述，被蟲攻擊的秋海棠葉）。相反地，文章強調跟流亡感受有關的鄉愁。敘述者顯露自己感性的一面，打破了當時植物隱喻中以頑強為主流的想像。他反而表現出他的脆弱，嘲笑自己的驕傲。

　　值得注意的是，當時的政權竟然青睞這個強調「海外華人」人性、脆弱、以及孤獨的文本。在獨裁政權早期，比起強硬手段，懷柔並非主流政策。這篇1962年的文章到了2016年還存在我們研究的語料裡並非偶然，當具有「強制」意味的隱喻因為不適當被淘汰時，「漂流的蘭花」的隱喻得以倖存下來。這就是今日，台灣人仍然可以同理彼此，在鼓勵相互理解與同情心中，找到和解與安定的道路。

第三節　「轉渡性」隱喻

　　關於十九世紀歐洲的城鄉關係以及「城市革命」（《

révolution urbaine »）這個誤導人的說法，社會學家桑內特（Richard Sennett）認爲，不得不移居城市的人處於「永恆失根」的狀態……，[121] 他也列出這些人用以對抗這種無依無靠感受的策略。桑內特認爲，這些社群創立於歐洲工業革命初期，其時正值人民的破產與公共空間的破壞，但是他接著解釋說，這些流離者的社群也由共同的記憶所維繫，有賴足以延續聯繫與打造社會（faire société）的故事文學而倖存下來。台灣的社群發展在本質上全然不同，但是在這裡我們感興趣的是桑內特賦予文學的作用。他主張文學透過其「轉渡」的力量有利於助長公民性。

　　要實現民風詳和的社會，只能憑藉一個龐大的工具，這個工具允許發展個人之間非強制性的關係，促進同情心、感性、互爲主體性、對外人的關懷（xénophilie）、內心深處的表達，這個工具就是文學實踐。[122] 陳之藩「失根的蘭花」的隱喻足以說明這個轉渡現象，中研院的人類學者胡台麗近年還曾評論過此文，其重要性可見一斑。

　　　記得陳之藩曾把散居海外的中國人比作失根的蘭花在風雨中

---

121 「對於居無定所與漂泊的人來說，猶如永恆失根的城市生活並非是全然陌生的現實。來自鄉村的人必須面對一群陌生人之間過生活的問題，爲了解決這個問題，他們依賴對過去傳統的記憶，或是在市中心形成村民與本土說書人的小團體。」Richard Sennett, *Les Tyrannies de l'intimité* [*The Fall of Public Man*, 1974], Paris, Seuil, 1979, p. 108.

122 Norbert Elias 也許會以「浪漫」來形容失根蘭花的隱喻。這位社會學家也在文學與民風詳和太平的歷程間建立關聯，他以「浪漫主義」來指稱宮廷社會裡，貴族階級所感受到的懷舊情緒，由於受制於極度強勢的君主，促使他將失去年代的幻想投射到小說裡。此處雖跟宮廷社會完全無關，但確實也是爲了撫平對於舊日黃金時光的鄉愁，轉而求助於小說。

飄零。我在國外羈留的一段日子裡，常常讓這種哀豔淒絕、自傷自憐的愁緒感染得意氣消沉。高先生的不謝花的比喻則含有堅忍卓絕、奮發自勵的意味，也是大多數白手起家的海外移民的真實寫照。[123]

胡台麗並非只是簡單地評論此文，而是把失根蘭花的隱喻進一步延伸為身分、家庭與國族的載體。是以，直至今日，失根蘭花這個「轉渡性」的隱喻仍舊是流亡與潰敗的私密表達。因此，有兩種解讀：一方面，這個「失根的蘭花」屬於愛國的隱喻，因為它表達了遠離國土而加劇的國族本質化。這一點，在三個不同的例子裡都可以發現：蒙古人佔領的中國、日據台灣、逃離共產中國的國民黨高層。

另一方面，它也再現了人類的悲劇，由於流亡的撕裂所造成的巨大苦痛。「失根的蘭花」最終也是潰敗的私密表達，再沒有收復失土的英雄氣概。這個隱喻可以併入其他傳達流亡苦澀的隱喻裡，比如枯萎的主題（在我們的研究客體裡很常見），[124] 都見證了文學的轉渡作用。

這些植物形象都傾向傳達感性勝於剛強。若說具有轉渡性，是因為表達了痛苦的內心深處，被社群孤立的個人，脆弱又哀傷（即使是關於外省人與其後代的處境）。具有轉渡性，也是因為

---

123 朗讀比賽文章。

124 就如這篇關於流亡的文章：曉風在〈黑紗〉一文中有幾句話：「春花可以凋謝，不凋的是天地間的生機；蠟炬可以成灰，不熄的是人間的火種。」一代過去，一代又來；然而，只要有這些可敬可愛的人物，中國，以及中國人就永遠不會亡國，不會滅種。朗讀比賽文章。

重新發現要建立公民關係（liens de civilité）不可或缺的可能性。

結論

　　從寒酷之梅到甘甜番薯，我們整理植物隱喻，具體觀察到教科書經歷了台灣在地化的努力，尤其是民主轉換如何促使民風詳和太平的歷程。透過植物隱喻的研究，我們也說明了軍事政權在掌政一開頭的十年曾如何強推其世界觀，並試圖以教條化來控制人民。這種強迫性的教育得以漸次緩和化，直到終於進行了一場誠摯的轉變，在 1990 年中期至 2000 年初，遲遲來到。近二十年來，我們並沒有再（於課本中）找到什麼植物的隱喻企圖表達一種屬於台灣的世界觀。沒有任何能與蘇格蘭的薊花或荷蘭的鬱金香相提並論的……；無論是「野百合」（1990 年學生發起的「野百合學運」護送著邁向民主制度之路）或是「太陽花」（2014 年學生抗爭運動的象徵）都不是出自教科書。在近期的教科書中，我們只發現刻意安排的隱喻變少了。因之，也許正是在沒有強加世界觀的情況下，才會有自由和文明／公民性的空間；以此為條件，讓多元的影響（來自日本的、客家的、原住民的、華人的等等）可以抒發展現，是以，這樣的條件就是民主的條件？

　　「關懷他人或外人」之文明／公民性，其定義為個人自由地歸屬同一（國家）共同體的一種意識，為了共同生存有為彼此而行動的必要，這樣的一種文明／公民性並不排除曾經歷過威權統治，也不排除某些強迫性仍持續存在。從獨裁統治階段的「威權

體制」到夏克所謂的「爲己之社會」[125] 的來臨，兩者間的不連續性所造成的不安，比表面上看來更嚴重。社會學家夏克認爲文明／公民性的關鍵時刻，是在向威權統治抗爭，是自由的社會正露出曙光的時刻；有民主才有文明／公民性，而儒家思想在實現「爲己之社會」的理想過程反而造成了阻礙。反之，我們也曾提到，對造型藝術家雪克而言，在民主的今日仍可見到殘存的威權結構。就某方面來講，她將文明性多少詮釋爲一個社會餘存的虛僞殘跡，依舊受到法西斯傾向的影響，因而文明性或許只是儒家道德和禮俗規範所留下的倒影。

我們的研究無法將這兩種原則完全分離，也無法有效地避免「關懷他人的公民性」（*civilité xénophile*）和「禮儀形式的文明性」（*civilité formelle*）兩者之間的混淆。前者，受到了一套紀律嚴格的懲處規範，可動用政治權力及透過公衆執法的方式施壓；後者，講求的是內在心靈的溝通，在社會個體間自然地流傳，透過文學的感性而發展、彰顯。眞要區分這兩者，文明性和公民性，實在有所困難。然而，在我們研讀的教科書中，遵循儒家思想、禮儀的章節和粗暴且具攻擊性的政論文章同時出現的次數越來越少。教育體系在許多方面依然抄用以往的規訓制度（課本內那些和儒家倫理相關的植物隱喻可以證明這一點），可是同時又散播一種更平和沉穩、不可忽略的視界或願景（vision），可能像是借自佛家的意象，或是其他象徵物，間接促進了文學的

---

125 他在論文中描述1990年代是一個「爲己之社會」的來臨，在這樣的社會中，「界定其每個成員身分的是屬於這個社會之實」，而這也是一個民主、文學和文明性相互吻合的社會之來臨（*Civility and its development, op. cit.*, p. 155）。

轉渡功能。這樣的共存現象回應了一種混融異質的民主發展，表現在一種混合式的教育系統中。對於公共事務的意識、對他人的敬重，無疑而弔詭地和自我規訓、自我否定、一種不太過分的自我追求、休閒娛樂等活動緊密結合，這一切都有助於國家意識的發展。就是如此混雜而多彩的台灣社會，說明了何以「儒家倫理和資本主義精神」——且在此襲用韋伯（Weber）的名言——能夠有效地促成文明進程在台灣落實，並且出乎意料地催生出一種「關懷他人或外人」的文明／公民性。我們的研究希望突顯的就是這樣的歷程，因而選擇了兩項時代的界標，一個是國民黨政府戒嚴時期政權的嚴峻象徵，寒梅的制約形象，另一個是甘甜番薯的共好形象，象徵的是正在成長中的民主政體。

（中譯：張雅婷、許綺玲，審訂：甘佳平）

跋文

艾倫・玫蘭—卡吉曼

Hélène Merlin-Kajman

　　能爲這本著作寫讀後感言，我感到非常欣喜榮幸，閱讀過程本身更激起了我源源不絕的興致。現今，我們共有的寰宇已受限於「全球化」的現象，不管是社群組織或民族主義者，到處都因認同問題，引發了暴力回應或退縮反彈。世界性的交流使得「文明性」（« civilité »）這個西方思想界極爲熟悉的古老觀念，再度成爲議題，浮上了檯面。尤其是移民的問題，造成了輿論分歧，有些人甚至還認定這是恐怖主義孳長的原因。然而，以人類學的角度來看，悅納異己（l'hospitalité）或許仍是文明性所表達的最古老的文化形式。

　　匯集在這本書的文章作者們，非常寬容大方地在他們的分析當中援引了我的研究心得；作爲回應與回報，我則希望談談他們對我的啓發，與讀者分享我個人的研究與他們的研究於此相逢的機緣所湧現的問題、想法和感想。這本書於是提供了我們非比尋常的良機，透過多元的文化援引，和即席應答般的對話，以重新思考文明性與文學的關聯。

一、西方諸社會和台灣社會之間：主要的差異

我的頭一個驚訝，是明顯感受到的一種差異。

美國的政治哲學家泰瑞莎‧蓓詹（Teresa Bejan）於2017年撰寫了一本著作，名為《僅是文明性》（*Mere Civility*）[1]，從一項觀察作為該書動機：西方民主正經歷一場嚴重的文明性危機，或至少都共同感受到有這樣的一場危機存在。然而，面對這場危機所提出的種種解決方案五花八門。為了評量這些解決方案，蓓詹借鑑三位重要的英國思想家，威廉斯（Williams，新教牧師，也是羅德島的創立者）、霍布斯（Hobbes）和洛克（Locke），三人皆曾就十七世紀宗教內戰背景下的文明性進行思考。他們在當時也面臨了一次文明性的危機，可是三人對於解決之道並無共識，蓓詹因而試圖了解他們各自的立場。

不過，眾人對危機的診斷至少持有同樣的看法；而現今西方社會也再次英雄所見略同。至於台灣，人們會想像其情況不也一樣？台灣曾於二十世紀飽受政治上的考驗和認同方面的猛烈撼動，也經歷了快速的社會經濟轉變，以致於在短短半個世紀內就發生了工業革命與城市化進程，那是西方各國社會花了整整兩個多世紀才達成的地步；何況，伴隨這些劇烈變動的，還有文化上的深刻衝擊。正如胡安嵐所強調的，對於這樣的歷程，台灣的詩歌充滿了迴響。然而，做為讀者，我所感受到的驚訝，第一個源由是：縱使有諸多難題，現今台灣人民似乎並未承受周遭世界所

1　Teresa M. Bejan. *Mere Civility: Disagreement and the Limits of Toleration*, Cambridge and London, Harvard University Press, 2017, p. 272.

面臨的文明性危機之苦。且恰恰相反，比較起來，外國人士反而感覺到台灣當今社會具有高度的文明性，一如博磊所言：「不少人注意到台灣社會有某種人情『溫暖』」。而2017年11月在台灣，國立中央大學法文系所舉辦的文明性國際研討會上，葛尹風在簡短的開幕致詞文中，也提到幾個「事實跡象」：

> 公共場所沒有什麼被刻意破壞的痕跡；迎賓場合總是充滿了熱情；政治議題的示威遊行，比如2014年太陽花學生抗爭運動更是好模範；有人說立法院在經過年輕示威者三個禮拜的佔領之後，反而比先前更顯得光潔明亮。這雖是有點誇張的幽默逸事，但也突顯了人們對公眾事務前所未有的意識。

這些細節確實對法國人而言顯得格外驚人，因為在法國，至少在一些大城市裡，攻擊行為往往淪為各種或多或少很嚴重的不文明行徑（incivilités），更別提警察和示威者之間的暴力對峙，經常見於近年來的許多社會運動中。

但是，外人的激賞眼光就足以界定台灣的文明性嗎？沒有比這更難以確定的了，而本書的大部分作者也提出了這個問題。

二、文明性──可是，哪一種文明性？

一篇接著一篇論文讀下來，不免令人有點暈頭轉向。何謂台灣的「文明性」？如何衡量其程度，或甚至確認其存在？對其歷史應當投注什麼樣的眼光？又須要用什麼樣的哲學來理解？

一篇篇文章看下來，且先不談文明性的概念，這個字詞的定

義本身已顯得相當浮動。我可以想像其浮動性必然使得中文翻譯倍增困難：civilité一詞擺盪於一般民主制的公民素養（對體制、公共空間，以及對代表和共用這些體制和空間的人表達的尊重），也可能單純指態度方面的親切（對他人的善意與包容，無論他人是誰，來自何方），或者對在上位者或位階較高的人的敬重，或歸屬於同一政治群體的愛國心，或甚至是親族間的憫恤之情。

事實上，正如蓓詹在其書中所強調但未能窮盡其提問的，即使在西方史上，文明性也不曾有過獨一的定義，無論是從不同的時代，從各種政治傳統（盎格魯—薩克遜、日耳曼、法國、義大利……）來看，皆是如此。可是，在這本書裡，第一個安置這個問題的是出自廣被引用的一項參考來源：即多篇文章皆有引用的大衛・夏克（David C. Schak）的重要著作《文明性及其發展：台灣與中國的各自經驗》（*Civility and its Development: The Experience of Chian and Taiwan*）[2]。夏克認爲「文明性」首先以相當具有共識的方式意指「一種態度，認爲對所有人不分親疏，皆值得起碼的關注、尊重和禮遇」[3]（引自博磊）。他特別強調自由意識和民主的高度重要性，有助於養成這樣的態度。博磊、關首奇、高滿德和史惟筑，還有〈從酷寒之梅到甘甜番薯〉的三位作者皆有提及夏克的論著。而根據夏克的說法，一方面是中國，另一方面是台灣，兩邊都有同樣的文明性定義，且都可能得自西方的社會政治思想。但是他又認爲唯有台灣自1990年代起

---

2 David C. Schak. *Civility and its Development: The Experience of China and Taiwan*, Hong-Kong, Hong-Kong University Press, 2018.

3 *Ibid.*, p. 15.

才讓文明性眞正發展起來，也就是從台灣進入民主化的時期開始，配合強烈的認同意識興起，方在台灣產生了一種做為台灣人而共屬於一個「有意義的想像共同體」的認同感，超脫了先前四分五裂的狀態；而過去由於動盪的政治和人口組成的變動等歷史成因，島上有各自歸屬的族群，和不同的、甚至相互對峙的各種文化群體。

　　夏克的想法又是根據德國哲學家哈貝瑪斯（Jürgen Habermas）的分析所得。對後者而言，文明性的形成不能缺少公共空間的建構：一方面，一個「公民社會」（*société civile*）具有自主表達的途徑（既無審查制，也沒有獨一無二的政令宣導），因而能夠透過和平理性的論辯，而鍛造一種矛盾相容的公眾輿論：另一方面，要從公共空間的注目與干涉中抽離，以建立一個私人空間。這兩個條件—— 一個條件是公共空間與私人空間的清楚劃分，另一個是有別於「國家」的公民社會之存在——使得文明性得以發展。

　　但是，正如關首奇、何重誼和林韋君，以及〈從酷寒之梅到甘甜番薯〉的三位作者強調指出的，我們也可以根據德國社會學家艾里亞斯（Nobert Elias）的研究著作來為文明性下定義。對艾里亞斯而言，文明性首先是由一整套的動作和「禮貌」言語所定義，關係到公眾和私密的禮儀，而非一整套奠定民主論點的條件。這種文明性得自於「將外在社會禁令，以一種自我控制衝動的機制內化的表現」（何重誼與林韋君）。但是這樣一種內化，既不歸功於一個民主的公民社會的存在，也不歸功於一個內在心靈的先決存在；相反的，這是在文明性的要求之下，逐漸形塑出來的子民，他們必須將那些對於共同生活具有威脅性的衝動，壓

抑在個人的內心裡，如此不讓任何的衝突以失序而粗暴的方式在社會生活中對外發作。

艾里亞斯以人文學家伊拉斯莫斯1530年出版的小冊子《兒童文明》（*De civilitate morum puerilium*）作為這一發展的起點。再往下，他認定的一個重要階段是始於十七世紀的宮廷社會制：路易十四以絕對王權為目標，要求貴族聚居到凡爾賽皇宮內受其監管，並須遵守行為規範的限制。於是這套無微不至的禮儀節度耗盡了貴族們的精力；在此之前，貴族們傾向把心力用在強化他們自身在地方上的權力，且經常因此萌生對王權造反的契機。

根據這個模式，歐洲的文明性是隨著國家壟斷合法暴力而誕生的。同時間也在進展的是經濟發展以及社會互動的複雜化和多樣化，其結果使得越來越多的個人生活涉入各種人際關係中，不再只有家庭為主，或職場、教區、軍隊等近似家庭的組織而已。面對這種新的社群關係，因其較家族或類家族內的社群關係（主要基於一種本能的情感共識）更隨機不定，個人必然要從童年開始，努力學習如何控制自己的激動情緒，以免和他人起衝突。

正如甘佳平、喬安娜和葛尹風在〈從酷寒之梅到甘甜番薯〉一文中所提到的，我個人的研究乃致力於移轉哈貝瑪斯和艾里亞斯的論點。我將探討重點放在十七世紀，而非十八世紀（哈貝瑪斯參酌的世紀），我想澄清的是：當時另外有個公共空間存在，和哈貝瑪斯所談的那種空間相比，較不那麼理性主義、也比較不是審議式（délibératif）。無可諱言，形塑公民社會性（sociabilité civile）初步體驗的文學論壇已經具有「批判性」；然而，這些文學論壇更是感性的（*sensibles*），即透過文學的多樣面貌

（書籍、劇場、道德談話），個人得以擴充其內心經驗，彼此分享相互間私密的異與同。

另一方面，我並不贊同艾里亞斯在宮廷社會與文明性之間建立的關聯。我曾撰文指出爲什麼文明性，還有法語的確立，都並非王權政治所造成的結果，而是源於王室對其子民所認可的自由地帶（la zone de liberté），以交換他們對絕對君主的聽命順從。其社會基礎不太是屬於佩劍貴族（la noblesse d'épée），而毋寧更多是穿袍貴族（la noblesse de robe）與布爾喬亞階級的「個人」（des individus），他們將心力投注在文學和身心修養，以此來施展他們的自由。對他們而言，內戰的經驗，尤其是十六世紀的宗教戰爭，留下了刻骨銘心的印象。如今努力使談話、行爲舉止合乎文明性，無異是看好下賭注在某種類型的世界，在那個世界裡，報仇（凡間或神界的）絕不會是最好的化解衝突之道。

蓓詹認爲，英國由於複雜的宗教派別以及王權之不穩固，宗教內戰的問題因而更加緊密地伴隨文明性的思考。是以，往昔文明性關注的，——且據她看來，至今依然如此——是在「包容的價值」與「必然以挑起論戰之姿來表達反對意見」這兩種態度之間如何達到平衡：太多的文明性會使反對的聲音受到壓抑；而太少的文明性（太多的衝突與暴力）又使包容性受到威脅⋯⋯。

因此，以下有四種構思文明性的方式。我們了解這個詞很難找到一個固定的意思，但也因此會是個更值得期待的賭注。

三、「異托邦」

本書有些文章表達了對文明性價值的質疑，認爲那是一種權

力的施用。將文明性延伸入文學和政治生活，將冒著可能熄滅文學與政治生活本身具有的顛覆火力的危險（關首奇；何重誼與林韋君）：文學和社會運動原本豈不共同有著質疑社會價值的活躍力量？

關首奇、何重誼與林韋君，各自在他們的論文裡，表達對此問題的關注，也認為蓓詹強調的第一種危險（文明性可能會壓制反對意見）比第二種更令人憂心。可是不管是對文明性質疑，或是對文明性禮讚，聽在西方人耳裡都同樣耳熟能詳了。在歐洲，文明性的發展始終伴隨著文明性的拒斥，如影隨形。我們只要想想莫里哀（Molière）的戲劇《憤世者》（*Le Misanthrope*, 1666），主人翁阿爾瑟斯特（Alceste）在面對菲林特（Philinte）時所持的立場：對阿爾瑟斯特而言，文明性老早就是道德謊言，是「浪漫人士所批評的那種表面上的禮貌」，何重誼與林韋君在其論文中亦曾提及。就另一個層面，政治上的層面來看，用「你」稱呼對方（「你」是與對方說話時的熟識稱法，但若是面對第一次見面者，和／或在某些官方制式的、和正式的場合遇見的人，這種稱法會被認為失禮），曾在法國大革命期間普及化，現今則經常出現在極左翼的社會運動場合：故針對文明性的爭議方式，自有傳統榜樣可循。

文明性或許只是將社會秩序美其名：它也許掩蓋了傅柯以「規訓」（discipline）或「規範勢力」（pouvoir normatif）之名所描述的情境；一如本書某些論文提醒的，根據傅柯的說法，「生命—權力」（bio-pouvoir）繼「主權」（pouvoir souverain）之後，從十八世紀末開始成為西方社會現代性的一大特質。在這情況下，與其推廣那些承繼自文明性的價值，更應確認足以抗拒

文明性的那些力量，且不惜從中找出「文明性的替代形式」媒介；而這就是何重誼與林韋君在分析太陽花運動時的說法，同時也是關首奇在談到高翊峰的小說時所提議的讀法：「這些空間既是社會泡泡，也自主自治，但脆弱」；尤其是在《泡沫之王》裡，是「對代表著『正常』社會的成人世界之無能（不可靠？）所提出的一個政治主張」。

這幾篇論文的作者為了推進其興味盎然的分析，參考了傅柯所提、再由列斐伏爾（Henri Lefebvre）重新詮釋過的「異托邦」理論（hétérotopie）。簡要提之，異托邦是界定分明的社會性空間，在其內制定了社會規則，與一般共同生活的普通規則非常不一樣。我讀著文章，忽然想到：十七世紀時，文明性會不會其實是以一個異托邦的形式開始的？這個問題，對我而言是個全新的問題，令我感到特別振奮。這個問題讓我得以釐清文明性的某個面向，但我指的是我想捍衛的那種文明性。

首先，異托邦的觀念在我看來非常適於說明卡斯提廖內（Baltazar Castiglione, 1478-1529）的偉大著作《廷臣論》（*Il Cortegiano*），這部著作和伊拉斯莫斯的論著激發了歐洲始於十六世紀末有關文明性議題的一系列書寫，首先在義大利，接著在法國、英國等地流行開來。《廷臣論》承繼伊拉斯莫斯，在宮廷之外流傳，其所述之理想後來便轉變為十七世紀法國沙龍的文明性。這樣的文明性是以集中、自願的方式實踐的，與「殷勤風雅」（galanterie）的文學想像無縫接軌；如雨後春筍般冒出來的風雅文學（la littérature *galante*），其關鍵文本將沙龍裡的真實人物變作虛構人物，取的名字乃參酌古希臘字源，還多少帶有田園牧歌風。沙龍裡的對話和文學交際遊戲，在其成員之間建立了

獨樹一幟的社會交流性（sociabilité *à part*），無論是與對外的儀典規範，或是與家庭內或市場、市集等公共場所中打成一片的親暱感，都截然不同。這些當然也可以被描寫成「異托邦」。

不過，在十七世紀時，文明性和殷勤風雅並不互相重疊，縱使這兩種互動的方式仍會彼此渲染。文明性並不以宮廷爲中心，在我看來，至少一個世紀以來它指的是一種社會交流的品質，我想，或可名之爲原型民主（proto-démocratiques）。這些品質之所以可以促成，或許沿襲自羅馬法（市民法、普通法、萬民法 [*jus civilis, jus communis, jus gentium*]）在法治上的努力，同時也因爲和慈善原則、基督教的謙卑精神有所交集。其理念是，已知位階低於自己的人，或者來自無盡之地平線以外（與異托邦恰相反）的陌生人，均能被接受，並以關係平等之士受到有尊嚴的款待；此即所謂的「公民」交流的原則，在當時來講算是具有突破顛覆性（*disruptif*）。沙龍生活，就法的層面，且不提現實面，成爲「生活良善」（« vie bonne »）的一種可能的典範，一種可以在任何地方與所有人共享的生活，在任何有一般社會交流互動的地方皆可實現，不限於家庭、朋友圈和職場同仁的範圍內而已。

甘佳平、喬安娜、葛尹風所撰的論文，〈……以文學教材和教育論述中的植物象徵……〉指引了另一條重要途徑，說明尚有何種事例足以構成一個異托邦。文中舉例儒家惠子與道家莊子之間的一段辯論，惠子對莊子說：「他的話語就像一棵巨樹的枝條，據說是尊貴的樗樹，不過木匠看不上眼，因爲節瘤太多。」論文作者解說莊子的回答，同時也在稱讚這棵樹，「正是因爲它的無用才得以倖免與長存，否則很早以前就被砍掉了」，況且

「它寬闊的枝葉在閒暇的午後可是很舒服的休憩處」。以大樹爲（異托邦）隱喻歌頌「無用之用」，論文作者歸結說這是「跟儒家的教育理念完全背道而馳」。

上述三位作者也提到造型藝術家雪克的作品，她試圖在其創作中表現「在民主的今日仍可見到殘存的威權結構」[4]。她「將文明性多少詮釋爲一個社會餘存的虛僞殘跡，依舊受到法西斯傾向的影響」，而法西斯本身深深烙印著「儒家道德和禮俗規範」（甘佳平、喬安娜、葛尹風）。我因此領會到，在台灣，人們之所以對「文明性」不信任，比較不是因拒斥生命權力的規範，而毋寧更是因質疑以儒家爲本所建構的社會秩序。關於文明性的思考重點也就徹底移轉，至少表面上看來是如此。

四、儒家思想

儒家：就是這個卓越的、具有好幾世紀重要影響力的文化大山，禁止我們將西方的文明性觀念隨意套在台灣的社會之上，不管你是用哈貝瑪斯、艾里亞斯、伊拉斯莫斯、霍布斯[5] 等等的哪一種文明性觀念。這本著作所匯集的大部分論文評量台灣的文明性，都同時提到了儒家。自此，爲了避免落入語焉不詳，意義不

4　「台灣錄像暨造型藝術家雪克（Shake）的作品便呈現了台灣公民社會中依舊殘留的威權遺痕。她在多部影片中記錄學校裡法西斯式結構所遺留的各種跡象（脫帽致敬禮、愛國歌曲、軍樂舞步等，在解嚴之後依然存在於學校中）。即使今仍可見到，台灣表現猶爲特出的青少年編舞能力和團隊活動，其根源或許就來自於早先時期的學校軍事化教育訓練。」（甘佳平、喬安娜、葛尹風）

5　Cf. Teresa Bejan. *op. cit.*

明的狀態，必須在此賦予「文明性」這個詞很廣延的意義，故將「文明性」解釋爲：當一群人有意識地共享一種（不管是如部落的簡單雛形，或試圖掌控一切的集權制）政治生活，這些人的社會交流性，便可說是文明性。以此最低限的意義來講，在國民黨威權倫理的推動上也存在著一種儒家式的文明性，比方說太陽花運動時甚至有大學校長和市議員曾藉此名義公開出面指責該運動是無禮貌、非文明而粗野的。（何重誼與林韋君）或者再比如高滿德和史惟筑分析的李行三部電影中，其中兩部《街頭巷尾》（1963）和《蚵女》（1964）所呈現的文明性亦然，這兩部影片是屬於國語片的製作，而相對地，較早台語片製作的一部影片《兩相好》（1962），則弔詭地勾勒出另一種文明性。

我不會荒謬到妄想要對台灣讀者或者對熟悉台灣文化的人介紹儒家思想。相反的，我希望說明的是，我發現本書作者對於儒家的思考心得和我自己對十七世紀法國提出的某些問題有相互交集之處，因而感到很驚訝，也爲此引發了我的興趣。

簡述之，主要是要衡量夏克析論觀點的合宜程度。我們已知他將台灣文明性的初始年代訂在1990年代。甘佳平、喬安娜和葛尹風在其論文中則邀請我們思考現今台灣的文明性是否毋寧更是出自二十世紀上半日治時期「附帶留下的影響」，而這也是許多人通常認爲的情況；或者另一種可能是來自於「數十年的威權統治」再加上「儒學的活躍推展」。

關於佛教對於文明性有何影響，甘佳平、喬安娜和葛尹風在提及大樹的故事時分析了其中植物隱喻所象徵的美德。不過，我似乎沒有看到任何一位本書的作者有確實觸及日本影響的問題，當然，該問題本身或許也須要另起一項研究計畫方得以全面而深

入地探討。相對的，上述第二個問題（威權時期和儒家思想之推動）有甘佳平、喬安娜和葛尹風的論文，以及高滿德、史惟筑的論文，兩者都進行了長篇討論。我因此得以綜合他們的看法，指出其論點如何啓發我去對照十七世紀法國的情況。

高滿德和史惟筑提及「中國傳統文化中的人際關係深受儒家影響，並以五倫爲基礎從家庭向外拓展」。「五倫」與社會有機組織密不可分，乃按照位階劃分出固定的身分，個人——說眞的，已稱不上「個人」——與他人之間的相互位置不會變動，依照他們關係的特定性質來決定，整體奠基於一種高下分階即倫理的基礎之上。高滿德和史惟筑進一步說明：儒家《禮記》「指出一條從個人到平天下的路徑順序：要能平天下，首先要懂如何治國；要懂如何治國便得先齊家；要齊家，便得從自我學養、修行、心念爲始」。

十七世紀的法國當然沒有「五倫」的理論；而界定關係的名單也不完全一樣（就我所知，法國從來沒有提到「兄弟」這層關係；相反的，「主人」與「僕人」之間的關係經常被提及）。然而，倒是有極多的文章充斥著囑咐規定，順著高下位階羅列出各種尊敬的關係。比方我們可以在弗雷蒂埃（Antoine Furetière）於十七世紀末所寫的第一本單語辭典中，找到或多或少完整的多篇文獻：「對國王、高官、我們的父母和我們的主人，我們應表達尊敬」（「尊敬」）；「首先應該要對上帝和神聖事務、對國王和高官、對父母、對美德，表達榮耀與尊重」（「榮耀」）。值得注意的是妻對丈夫服從的義務並未見提及。此時已是十七世紀末了，在新的文明性的影響之下，男性與女性之間的關係已開始自主化；男性對女性特有的尊重，有助於平衡並舒緩了女性對

男性尊卑位階式的恭敬。

十七世紀初，法國社會仍有嚴格的階級尊卑，社會被視爲一個單一整體，其內成員由上帝確保其相互連結的關係，以一種同樣相互牽制的邏輯在管理[6]：國王治理王國，一如一家之父管理其家庭，亦如每一個在上位者管理在下位者；爲了達到公平合理的治理，彼此之間首先要能管理自身的激情，並服從基督教倫理道德。

這些位階的規範，事實上是屬於基督教義，法國就理論上來講本身是被包覆在基督教理想國或共和國（*respublica christiana*）內。甘佳平、喬安娜和葛尹風因此引用了默爾加（Eske Møllgaard）的講法，認爲「儒家思想依其邏輯無法設想陌生人之間的連結：好的陌生人認同儒家禮儀的優越，壞的陌生人並不認同，但是如此一來陌生人之間是無法形成連結的」，這一看法其實也能完全有效地說明主導的基督倫理觀[7]：「不忠心者」，除非他歸順，否則必是敵人，也可能是個野蠻而未受教的人。

五、親暱、不敬、侮慢

進行評量工作時，若毫無益處地迷戀某些字詞，評量就會很複雜，或者，相反的，當兩個詞足以區隔兩種概念，以便用來區

---

6 馬基維利的思想構成了主要的對立項，他主張放棄道德基礎，因其政治管理仰賴的是自我管理。相反地，在此不久以後，個人道德將拿來對立國家理性。

7 然而，有不只一種基督教思想，一方面主張人應慈善對待任何人，另一方面，認爲異教徒也有能力具有「文明性」。

隔對應之具體作法時，進行評量也會很複雜；但更複雜的是，就如我此刻正在作的，當有人講話用的是一種西方語言，且不時帶有拉丁文之餘韻，又希望聽眾能理解，但是聽眾並沒有拉丁文的文化背景。因此，我認為像高滿德和史惟筑所做的，在文明性一詞前面加上形容詞以區分兩種不同的文明性（包容的文明性對比排外的文明性、「表面型文明性」對比「真實型文明性」），這樣的做法是可以理解的。

然而，我個人做研究，比較希望努力將「文明性」本身鮮明地對立「順服」以及「恭敬尊重」的原則，這是階級制分明的社會擁有的兩項特徵（也等於上述成對比的觀念中屬於「排外型文明性」和「表面型文明性」）。事實上，縱然有很多用法容易造成混淆，但是從伊拉斯莫斯以來，突顯「文明性」一詞，便是為了批評和削弱社會恭敬（la déférence sociale）和階級尊卑禮儀（la hiérarchie cérémonielle）的主導地位。首先，這第一種文明性謹慎安然地處在極權王制公共禮儀空間的陰影中，而統御極權王制的是「表面的」與「排外的」禮儀規範。這種文明性卻也同時另外安頓在尚不成形的私人空間裡，而這個空間直到那時為止並不能引起任何人的興趣，因為以前的私人空間頂多也不過是處於方才提及的那種層層牽制的倫理關係裡。

有篇寫於十七世紀將盡時的文章，說明正在發生中的緊張關係和轉變：

應當還給每個人他能要求我們的權利：我們的在上者要求尊重、恭敬、臣服；我們的平輩要求文明性與溫柔；我們的親戚要求情誼；我們的朋友要求溫情與信心；所有的人都有良

心，而在我們的能力之內，當他人需要我們援助時能提供協
助：應該要慷慨地幫助處境悲慘的人，要慈善地對待我們的
敵人。[8]

　　值得注意的是此處文明性與平等的觀念有了連結。這樣的想
法並不直接來自於民主的政治思想，但是民主制將有助於文明
性。民主制其實具有宗教的底蘊，因為基督徒敬拜的上帝化身為
人，基督耶穌生在馬廄裡，兩旁是一頭牛和一隻驢子；耶穌被羅
馬士兵嘲弄凌辱後，被釘在十字架上死去，左右兩邊是兩名小
偷：耶穌是一位「王者」，卻有著人類最不堪的表象。民主也有
著人類學的基礎：哈貝瑪斯和艾里亞斯都沒有注意到在文明性之
前，人類的關係有兩種，恭敬的關係施行於公共禮儀環境中（教
堂、公會堂、遊行、司法機關等）。可是，個人也可以享有放鬆
的關係，甚至可以粗野，總之就是親暱、隨和、打成一片的關
係，在遊樂場、市場、餐廳、酒店、與家人相處時，換言之，在
這些地方尊卑位階的關係似乎鬆懈了，有時甚至忘記了。文明性
借予第一類人際關係的是出自人之尊嚴的尊重，而第二類關係，
是平等：文明性就其原則而言，就是建立一種平等的關係，表現
為廣闊觸及所有人的尊嚴。文明性慢慢地擴展其版圖，一方面使
得非得維持恭敬的空間開始退縮，另一方面同時也在退縮的是單
純的狎暱性（此處宜於強調：傳統的厭女傾向也因文明性的擴展
而明顯減弱）。

8　Abbé Morvan de Bellegarde. *Réflexions sur ce qui peut plaire ou déplaire dans le commerce du monde*, Paris, Arnoul Seneuze, 1689, pp. 116-117.

匯集於本書的論文當中，令我相當震驚的是有些因其典範價值而被引用的文學文本：這些文章實際上動員的正是狎暱、隨便、甚至粗野的語調。但是因為它們屬於文學類，且因是此一文類而得以出版，等於是將狎暱風格帶入一個仍舊充滿「恭敬」的文明性空間。比如胡安嵐引用了桓夫的詩：「不必讓給我位置／小姐　車子開得很快／我底終站馬上會到達／……老並不值得令人尊敬的特權／不必優待我　不必／不必同情我的縐紋這麼多／我吃過歷史／吐出了好多固有道德」。他也引用了陳克華的作品，因為「他的挑釁是雙重的，他的逾越也是雙重的，公開的出櫃，詩的語言也更加赤裸，毫不保留」，如此在〈肛交之必要〉的詩中，他寫道：「……但是肛門只是虛掩／悲哀經常從門縫洩露一如／整夜斷斷續續發光的電燈泡／我們合抱又合抱不肯相信做愛的形式已被窮盡……」。胡安嵐最後提及藝術家鴻鴻，他「主張一種互動詩」，而「期刊的名稱就叫做《衛生紙》」；何重誼和林韋君也以《衛生紙詩刊+》為例，指出這「81首抗爭時期創作的新詩，[……] 以文學的創作性見證了年輕世代發動抗爭的年代」。

極有可能的是，不管在任何文化情境中，「親暱性」總是提供一種可靠的泉源／資源，適於撻伐已經僵化而純然做作的恭敬式人倫關係，無論這種人倫關係是存在於嚴厲的階級制框架內、或是在民主環境中，其作用方式皆有如被上了枷鎖，受惠者總是主導勢力那方。

這種「低」層次語調（狎暱的、粗野的、庸俗的）所具有的不服從、解放力量，也許在胡品清翻譯莒哈絲（Marguerite Duras）小說的事例中更為明確。林德祐和黃士賢兩位作者對其

翻譯的問題做了研究，並以引人入勝的方式，說明莒哈絲作品在台灣讀者接受情況的重要性與複雜性，繼而由此來衡量台灣文明性的程度，這裡特別指的是台灣社會（或至少其文學菁英群）的「迎受能力」（la *capacité d'accueil*）。耐人尋味的是兩位作者專就小說《如歌的行板》（*Moderato Cantabile*）詳細地做了長篇評論。這本小說1958年在法國出版，1978年在台灣出版了中譯本，小說結合了三名女人：作者、譯者、女主角，後者是一位相當令人不安的女性，安妮‧德巴赫特（Anne Desbaresdes），她「嫁給一位實業家，十年來她生活在布爾喬亞階級的秩序中」，自溺於酗酒又不顧體面，到一家咖啡店找某名男子講話。然而，胡品清並未把標題的意義原原本本地譯出來，而是改成「安妮的戀情」，但是「這樣的調整似乎也把焦點擺在安妮與壽凡[9]之間無出軌的婚外情」了（林德祐和黃士賢）。

　　透過這樣的標題，譯者胡品清難道不會更加強了女主角所代表的「不得體」的概念形象？她「婚後過著百無聊賴，行屍走肉般的生活，但她保有一股敏銳的感受力，足以使她能夠反抗這道束縛她的秩序」，林德祐和黃士賢如此評論，同時也描述她如何「喝得酩酊大醉，甚至還推辭了別人送上來的菜餚，完全不理會布爾喬亞社會最重視的規範」，又指出「晚宴有一定的禮儀規範要遵守，而女主角的表現卻是不得體」。小說由此看來就是一部戰爭機器，為了對抗交際禮貌，以及那表面上看似默契十足的賓客們實則隱藏的殘暴人情角力關係。

9　譯註：Chauvin，小說中的男主角名。

從法國的角度來看，我對此情境會頗不以爲然。因爲現今親暱／狎暱性（粗野、謾罵、侮辱等）正在入侵公共論述，這並非不利於恭敬尊重（若只是如此，在我看來其實並非壞事），而是不利於文明性，我是指我的研究一直嘗試去重新解釋其特徵的那種文明性，那是種平凡的（*ordinaire*）文明性，即原則上能誘發對人之尊嚴的敬重，以及對人們相逢與交流之空間的尊重（關於一個可信賴的公共空間的存在，這點在我看來十分重要）。可是當《如歌的行板》1958 年在法國出版時，恭敬關係尙未消失，而（我所指的那種意義的）文明性更沒有消失。就此，本書論文作者提出的不服從事例所表徵的自由價值，讓我了解一件事：在評量文明性的適性活力時，其所處的是哪個時空背景十分重要。

唯有時空背景能指出文明性是否已逐漸沉淪爲無論在哪種權力（「王權」、「階級尊卑」或「規範」）性質下硬性規定的紀律處分。我的意思是「眞實型的」文明性（在此重拾高滿德和史惟筑的用語）或許只能在「緊張狀態」（*en tension*）的條件下方能產生，即恭敬和親暱這兩種形式的社會關係處於緊張狀態，而沒有任一者全然侵入整個的社會場域。

六、緊張關係

換言之，一種完全禁止和親暱性共同「遊戲／作用」（« jeu »）的文明性，或許算不上是一種文明性。但是，文明性也可能不會更爲眞實，如果它不能留住回憶，或是無法留住某些恭敬的特質。在我看來，這似乎就是甘佳平、喬安娜和葛尹風在他們的植物隱喻分析中所提示的，他們分析的客體涵括了「1945 到

2016年七十年間出版的六十七本國小國語課本」。

　　他們的析論過程很精采，無法用三言兩語簡述之。首先他們說明了為什麼嚴酷性質（la rudesse）並不只賦予梅樹。梅花自1928年起就被訂為中華民國的國花，即使國民黨政府遷移至台灣後，依然以梅花作為國花；但嚴酷的性質也被加諸在花生和香蕉樹身上，而這兩種隱喻性植物在這段時期很常出現在課本裡，都是以其嚴酷性表示有意「灌輸台灣青年學子犧牲的精神與為國深切奉獻」。這種政宣功能到了1990年代便消失了，但是出自儒家的各種隱喻並未隨之消失。然而此後其隱喻的形成關係變得比較有彈性，不再是僵化固定的象徵，甚至和植物的關係也比較現實，更多變化，也更有趣味更好玩。

　　三位作者在結論中表明他們的研究雖無法乾脆地避開新的文明／公民性和禮儀規範之間的混淆，但是他們提出了這個關鍵性的問題：「也許正是在沒有強加世界觀的情況下，才會有自由和文明／公民性的空間，以此為條件，讓多元的影響（來自日本的、客家的、原住民的、華人的等等）可以抒發展現，是以，這樣的條件就是民主的條件？」

　　我覺得高滿德和史惟築的論文大體上達到一個類似的結論，縱使僅關係到其中一部影片，即李行在1962年導演的《兩相好》。從其聲音部署的分析，兩位作者說明何以這部影片與其後兩部影片正相反，能夠「強調著一種沒有哪一個語言、文化更加優越的公民性」，也就是說，整體來看，何以「真實公民性的概念也曾在國家有限度、暫時鬆懈控管的前提下，在民主時代之前的某些社交生活範疇裡成為可能」。這部1962年的影片仍享有處理人際關係之可能性的自由，這種可能性一旦處在制約受限的

環境中便不可預想了。

電影《兩相好》提醒我們許多具有生產性和助益性的緊張關係，以作為文明性「經驗」（除非要選擇壓迫和排除）之名義，突顯了台灣史上語言衝突的嚴重性，而語言衝突直接指涉的，就是政治方面的衝突。日治時期日語的霸權地位，繼而是華語的霸權地位，以及其後「台語」和原住民語言的抗爭，諸此歷程解釋了語言和文化傳承問題在文學論戰中的重要角色。約自1970、80年代掀起了論戰，博磊回溯台灣的出版編輯史，提到：「台灣本土認同也逐步地確立，而少數族群語言的遺產逐漸獲得承認，原住民的故事也得以含蓄地找到發聲的文字舞台，過去一直被禁言的主題得到了更大自由度的探討，台灣群島特有的題材也浮上了檯面。隨著社會運動直攻社會問題、環保問題、語言問題和認同問題，寫作方面也激起了同樣這些主題的迴響。」普遍來講的確是如此，對詩歌的領域來講更是如此，而這也是胡安嵐在其文章中所強調的。一反夏克或許太過哈貝瑪斯式的觀點，我在閱讀匯集於此的這幾篇文章時，領會到所有的緊張關係都慢慢受到了文學的安撫、在文學中得以同化，這就是證明，證明了文明性的進程早在1990年和民主時代之前已開始進行，也了解這個文明性的進程是在文化的深潛之處慢慢醞釀，潛藏在台灣傷痛歷史的不同地層底下。

結語

「想要定義出適用於所有時間，所有地點及所有人身上的文明性，大概沒有比這種企圖更具有文化意義上的霸權了」，何重

誼與林韋君如此寫道。我剛才一路所描繪的，與本書各篇文章之間產生了共鳴迴響，而我覺得這個回應的歷程也用響亮的方式確認了他們的看法。這個歷程確實說服了我們：如果期望什麼都要有個定義，並可以明確地建立方法，確立一種表意模式、態度和關係等，那麼文明性其實是不能被定義的。文明性是無法設想成一套符碼、或一套文法的。就我看來，文明性一直處於一種居中的（以及調解的）地位，所以是不固定的。文明性並不去調和容易生侮慢的親暱性與容易成為強制性的恭敬，而是讓兩者處於緊張狀態；在某種概念下之文學所使用的全然「陌異」的語言（何重誼與林韋君），以及始終有束縛話語之危險的語言規範之間，文明性建立起了互通管道。而這樣的地帶，在我的研究中就稱之為「轉渡的」（« transitionnelle »），其原因，有甘佳平、喬安娜和葛尹風三位作者仔細在其論文中介紹了（我向他們致謝），但這個地帶在我看來並不像是一個異托邦，這是因它是開放的，且是相對不具決定性的；這不可定義且尚未定義的文明性，嚴格來講，比較像是一個包容的空間，也就是將身分懸置的空間，讓認同浮動的空間。

我們可以把兩種相互矛盾的情感或衝動放入人類學常數的帳戶裡頭而不會冒什麼風險：這兩種情感指的是好奇與害怕，衝勁和憂傷。這些內在動勢，無疑地不會只有其中一者存在而缺少另一者。文明性讓害怕不至於導向恐懼，也不會讓人帶著好奇和衝勁去接近他人，卻直逼威脅生命的地步。然而，若想了解實踐文明性的必要性（同時放棄固定的定義），也許應該要保留「群體對於暴力的記憶鮮明度」（甘佳平、喬安娜、葛尹風）而不為其所吞噬，在此，借用三位作者文章裡提到的，陳之藩那脆弱且悲

痛的「失根的蘭花」（或氣根、浮根的蘭花）來象徵這樣的回憶。

（中譯：許綺玲）

作者簡歷

Pierre-Yves BAUBRY 博磊

負責台灣官方法語新聞網站編撰；自2013年起，主持« Lettres de Taiwan »台灣文學部落格，以法語介紹台灣文學和各種以台灣為主題的法語著作；2015年出版專書介紹台灣的出版狀況；亞洲文學專業期刊 *Jentayu* 2016年「台灣專號」導論作者；法譯台灣短篇小說集（Nouvelles de Taiwan, Magellan & Cie, 2018）序言執筆。

Alain LEROUX 胡安嵐

中國文化大學法文系退休教授。學術專長為詩歌、詩學和文學理論，著有《亨利‧梅肖尼克與節奏批評：歷史性與主觀性》（文化大學出版社，2013），《意義與形式——示意》（文化大學出版社，2016）。他也是台灣現代詩的法文譯者，曾翻譯洛夫的詩集《因為風的緣故》（2017），周夢蝶的《密林中的一盞燈》（2018），羅智成的《夢中邊陲》（2020），翻譯的詩集皆為法國Circé出版社發行。

Gwennaël GAFFRIC 關首奇

里昂第三大學中文系副教授，主要教授中文與中國文化。近期主要研究當代華語世界的科幻文學。2019年出版專書《人類世的文學——台灣作家吳明益的生態批評研究》（Asiathèque）。

Jean-Yves HEURTEBISE 何重誼

輔仁大學法文系副教授，法國現代中國研究中心研究員。著有《東方主義、西方主義和世界主義》（*Orientalisme, Occidentalisme et Universalisme*, Eska, 2020）。研究方向為中國與歐洲跨文化再現的方法論分析，並運用在不同領域：哲學史、當代地緣政治、生態政治和（電影與文學）美學。

林韋君

輔仁大學法文系助理教授。研究領域為法國當代文學，主要研究圖森（Jean-Philippe Toussaint）和杜尼埃（Michel Tournier）小說，研究方法側重文本與影像之間的關係。

Matthieu KOLATTE 高滿德

國立中央大學法文系助理教授，日內瓦大學國際關係與歷史碩士。2005 年起定居台灣，研究領域為台灣電影，著有《台灣電影：歷史、導演與影片》（Septentrion, 2019）。他也致力於將台灣文學譯成法文，譯有黃春明的短篇小說，輯為《我愛瑪麗》（Gallimard, 2014），以及隱匿詩集《美的邊緣》（Circé, 2019）。

史惟筑

國立中央大學法文系助理教授、中大文學院台灣電影研究中心主任。主要研究領域為電影美學、動態影像分析與影像教育。

林德祐

國立中央大學法文系副教授。巴黎第七大學文本與影像歷史與符號學博士，學術專長為法國現當代文學、小說批評。博士論文透過二十世紀法國作家朱利安‧格林的小說探討吉哈爾的仿效慾望理論在文學研究上的可行性。

黃士賢

中國文化大學法國語文學系助理教授。巴黎第三大學藝術文化史博士，專長為文化史與媒介學，研究方向包括文學接收、文學媒介與媒介史。他的博士論文分析法國作家瑪格麗特‧莒哈絲在臺灣的文學接收與媒介。

Ivan GROS 葛尹風

曾任國立中央大學法文系副教授，2022年起為自由藝術創作者。主要研究方向為隱喻學和媒體研究。2011年出版專書論文《西洋棋想像與混沌和秩序的詩學》（L'Harmattan）；2017年出版《邏各斯與類比：東方與西方之間的類比思考》（L'Harmattan）。

甘佳平

國立中央大學法文系副教授。主要研究法國十九世紀文學，曾在法國等重要國際期刊發表多篇有關巴爾札克和左拉的文章，如《法國文學歷史期刊》（2010）、義大利《法國研究》（2013）、法國《巴爾札克年刊》（2015，2021）、《加拿大比較文學期刊》（2015）、德國《普通文學及比較文學雜誌》

（2017）、法國《文學》（2022）等。

Joanne BOISSON喬安娜

英國卡地夫大學，電腦科學與資訊學校資訊語言學博士候選人。
主要研究領域為隱喻的自動處理與語義結構分析。

Hélène MERLIN-KAJMAN艾倫‧玫蘭─卡吉曼

法國巴黎第三大學現代文學系教授。法國社會高等研究學院畢
業，專長領域本是十七世紀文學，曾發表專著《十七世紀的文學
與觀眾》（*Public et littérature au XVIIe siècle*），研究法國舊制
王朝時代的文學與私領域空間發展的關係；近年也關注當代文
學，理論專著如《語言是法西斯嗎？》（*La Langue est-elle
fasciste?*），重新檢討現代文學批評，以及文學教育的社會責
任。她也是「轉渡」（*Transitions*）研究團隊的主導者，2016年
著作《著魔動物》（*L'Animal ensorcelé*）、《狼口險讀》（*Lire
dans la gueule de loup*）引發相關議題的探討與迴響。

國家圖書館出版品預行編目（CIP）資料

台灣文明進程的落實：試論台灣文學如何成為文明／公
民性的轉渡者／葛尹風，許綺玲編．-- 初版． -- 桃園
市：國立中央大學出版中心；臺北市：遠流出版事業
股份有限公司 , 2022.06
　　面；　公分
　　ISBN 978-986-5659-44-8（平裝）

1.CST: 文明　2.CST: 公民文化　3.CST: 臺灣文學

541.2　　　　　　　　　　　　　　111005486

台灣文明進程的落實：
試論台灣文學如何成為文明／公民性的轉渡者

編者：葛尹風、許綺玲
執行編輯：王怡靜

出版單位：國立中央大學出版中心
　　　　　桃園市中壢區中大路 300 號

　　　　　遠流出版事業股份有限公司
　　　　　台北市中山北路一段 11 號 13 樓

發行單位／展售處：遠流出版事業股份有限公司
地址：台北市中山北路一段 11 號 13 樓
電話：(02) 25710297　傳眞：(02) 25710197
劃撥帳號：0189456-1

著作權顧問：蕭雄淋律師
2022 年 6 月 初版一刷
售價：新台幣 400 元